Willy Futterknecht
EU-Beitritt ?

Willy Futterknecht

EU-Beitritt ?

Die 46 Souveränitäts-Verluste
Antwort auf die bundesrätliche Provokation

Radika-Verlag

Meiner Familie

1. Auflage zum 6. Dezember 1994
(Zweiter Jahrestag des EWR-Neins)
Deutsch: 1. - 65. Tausend
Französisch: 1. - 5. Tausend

© Radika-Verlag AG, 6371 Stans
Dokumentation: Lic. adm. Gladys Futterknecht
Satz und Gestaltung: Gladys Futterknecht
Druck: Rohner-Druck AG, 6374 Buochs
ISBN 3-9520743-0-6

Inhaltsverzeichnis:

I. Teil:	**Definitionen**	7
II. Teil:	**Begebenheiten bis zum Klaustag 1992**	20
	- Wetterwendische Bundesräte	20
	- Ein Staatssekretär als Defätist	42
III. Teil:	**Nach der Jahrhundertabstimmung vom 6. 12. 1992**	52
	- Den Volkswillen klar missachtende "offizielle" und andere unberufene Kommentare	52
	- EU-Integration = CH-Desintegration	61
IV. Teil:	**Vor- und Nachteile eines EU-Beitritts**	64

A. Die fiktiven Vorteile eines EU-Beitritts 64
a. Mitentscheidungsrechte 65
b. Kriminalität / Drogen / Terrorismus / Asylwesen 67
c. Frieden in Europa sichern 69
d. Umwelt 70
e. Subsidiarität 71
f. Zur EU-Demokratisierung beitragen 71
g. Der "lebensnotwendige" EG-Markt 72
h. Das europäische Haus mitbauen 74
i. Alleingang/Satellisierung/Isolation vermeiden 75
k. Jeder zweite Franken aus Export 75
l. Unserer Jugend die Welt öffnen 76

B. Die verheerenden Folgen eines EU-Beitritts 77
1. Vertrag auf Ewigkeit 79
2. Neutralität 79
3. Währungsunion 81
4. Wirtschaftsunion 86
5. Demokratie 87
6. Internationale Handelsverträge 89
7. Staatsfinanzen 90
8. Aussen- und Sicherheitspolitik 92
9. Freihandelsabkommen von 1972 94

10. Freier Personenverkehr	95
11. Protektionismus	96
12. Waffenrecht	100
13. Volksrechte (Referendum, Initiative)	100
14. Parlament (Bundesversammlung)	101
15. Bundesgericht	103
16. Kantone und Gemeinden	106
17. Wahlrecht für EU-Ausländer	107
18. Wohlstand	107
19. Konsumenten	109
20. Landwirtschaft	110
21. Lebensmittel	114
22. Strassenverkehr	116
23. Arbeitnehmer	118
24. Rechte der Frau	119
25. Umwelt	120
26. Forschung	122
27. Bauwirtschaft	124
28. Banken und Versicherungen	125
29. Freie Berufsausübung	127
30. Immobilien	128
31. Steuern	129
32. Giftstoffe	130
33. Wettbewerb	131
34. Bürokratie	132
35. Klein- und Mittelbetriebe	134
36. Grossbetriebe	135
37. Arbeitslosigkeit	136
38. Bildung	138
39. Korruption	139
40. Inflation	139
41. Verstärkter Polizeistaat	140
42. Auslandschweizer	140
43. Behinderte	141
44. Gesetzgebung	141
45. Wasser	142
46. Fremde Richter	143

V. Teil: **Zusammenfassung** **143**

> Wenn ihr eure Augen nicht braucht,
> um zu sehen,
> werdet ihr sie brauchen,
> um zu weinen.
> [Jean Paul]

Vorbemerkungen

Der Autor stützt seine Darlegungen weitgehend auf Abhandlungen von Sachverständigen, EG-Publikationen, Fachbücher und auf verlässliche Zeitungs- und Zeitschriftenberichte des In- und Auslands. Um die Lektüre nicht zu erschweren, beschränkte er sich auf unerlässliche Quellenangaben.

Damit die heutige Situation zuverlässig beurteilt werden kann, war es unvermeidlich, EWR-Kommentare vor der Jahrhundertabstimmung vom 6. Dezember 1992 hier resümiert einzubeziehen.

I. Teil: Definitionen

Immer wieder versuchen EG-Befürworter, die durch Brüssel von den einzelnen Nationen geforderten massiven Souveränitätsverluste zu bagatellisieren, zu verniedlichen. Ja, es gibt heute noch Bundesräte und eidgenössische Parlamentarier, die Teile unserer wesentlichen Grundrechte gegen pure Versprechungen und realitätswidrige Spekulationen zu verschachern bereit sind. Als einer der wichtigsten Beweise für den umfassenden Verlust unserer Selbständigkeit und Unabhängigkeit, den ein EU-Beitritt uns bescheren würde, zitieren wir die Worte eines Mannes, der es wie kein anderer wissen muss: den ehemalig deutschen Wirtschaftsminister und heutigen Vizepräsident der EG-Kommission in Brüssel, Martin Bangemann:

> «Nur wenige Bürger wissen, dass fast jedes zweite deutsche Gesetz seinen Ursprung in Brüssel hat. Auch Politiker und Verantwortliche in Verbänden, Gewerkschaften sowie Industrie und Handel stellen zunehmend fest, dass die Rahmenbedingungen für sie nicht mehr in Bonn, sondern in Brüssel gesetzt werden. Es ist mittlerweile auch den nationalen Parlamentariern bewusst, dass sie eine EG-Richtlinie nicht mehr ändern können, sondern nur für die fast wortgetreue Umsetzung in ein nationales Gesetz zuständig sind. Was dann als Bundesgesetz

veröffentlicht wird, stellt sich erst bei näherem Hinsehen als EG-Massnahme heraus» [Vorwort im Buch "*Europa transparent*"].

Bemerkenswert bei der EG-Gesetzesgestaltung ist die Tatsache, dass in Brüssel immer mehr Lobbyisten bestimmen, wie in der EG entschieden wird. Die Zahl der sogenannten "Beobachter" wird heute auf über 10'000 geschätzt. Allen Lobbyisten gemeinsam ist der Versuch, die EG-Fördertöpfe auszuschöpfen und auf den EG-Rechts- und Normensetzungsprozess frühzeitig Einfluss zu nehmen. Wie ernst die Lobbyisten es meinen, zeige schon ihr Budget, warnt der sozialistische Europaabgeordnete aus Holland, Alman Metten:

«Die geben fast zwei Milliarden DM pro Jahr aus. Das machen sie nicht zum Spass, sondern weil es ihnen etwas bringt» [*EGmag* 3/93].

Weil sie nicht über genügend eigene Expertenstäbe verfügen, sind die EG-Beamten für Ratschläge aus der Industrie meist sehr aufgeschlossen. Auch die Abgeordneten des Europäischen Parlaments sind nicht gegen Einflüsse gefeit. Manche stehen selbst im Dienst interessierter Firmen und lobbyieren auf Steuerzahlerkosten. Offene Ohren leiht man lieber denjenigen, die einem helfen, die eigene Karriere voranzubringen.

EG-Europa ist ein Europa der Exekutiven, nur vergleichbar mit der ehemaligen Sowjetunion und dem Dritten Reich, wo der Oberste Sowjet bzw. der deutsche Reichstag ebenfalls als Attrappe für die kommunistischen bzw. nationalsozialistischen Gebieter dienen musste. Demokratie ist aber untrennbar mit dem Prinzip der Gewaltenteilung verbunden, als Trennung von gesetzgebender, ausführender und richterlicher Gewalt. Im EG-Europa üben die 12 Staats- und Regierungschefs an ihren Gipfeltreffen die verfassungsgebende Behörde (z.B. Maastricht-Verträge) aus; der EG-Ministerrat, aus den von den Regierungen ernannten Ministern gebildet, amtet als gesetzgebende und regierende Instanz (Legislative und Exekutive), und die ebenfalls von den nationalen Regierungen bestimmten Kommissare betätigen sich innerhalb der EG-Kommission, in Ergänzung des Ministerrats, als Regierung (Exekutive). Eine Kontrolle durch das EG-Parlament ist ausgeschlossen, und nur blauäugige oder naive Beobachter können unterstellen, dass die jetzigen EG-Potentaten jemals auf ihre Vorrechte zugunsten eines eigentlichen Parlaments verzichten werden. Niemand kann einen Tiger zum Vegetarier machen. Der Charme EG-Europas liegt für die Regierenden gerade in der Möglichkeit, die parlamentarische Kontrolle umgehen zu können - womit gewisse Bundesräte liebäugeln dürften.

Drastische Unterschiede der europäischen Nationen hinsichtlich Mentalität, Geschichte, Parteienstruktur, ökonomischen Potentials, Sprachen (in Europa gibt es etwa 120 Muttersprachen), Kultur, Religion, Mythologie, ethnischer Zugehörigkeit, Ideologie, industriellen Entwicklungsstands, Sozialstruktur, geostrategischer Lage und gravierend differierender Bindungen zu Nachbarländern - aus derart ungleichartigen Interessenträgern ist Einheitlichkeit ein logischer Widerspruch in sich selbst.

«Europas Zukunft liegt in der Vielfalt: Vielfalt der Völker, Lebensformen, Sitten, Gebräuche und Idiome, ja sogar Rechtssysteme und Verfassungsformen. In Europa gibt es einen Rechtsanspruch darauf, dass jeder anders sein darf. Nirgendwo sonst leben auf ähnlich dichtem Raum so viele Menschen mit so unterschiedlicher Vergangenheit zusammen. Die Kultur Europas von heute ist geprägt von der Erscheinungsform des Nationalstaates, der seine geschichtsmässige Wirkung im 19. Jahrhundert erreichte und dessen Übersteigerung im 20. Jahrhundert Diktatur und Gewalt über Europa brachte. Der Nationalismus verspritzte das Gift, an dem Europa als politische Form beinahe zugrunde gegangen wäre. Trotzdem ist der Nationalstaat als prägende Kraft der Gegenwart nicht wegzudenken. Er bestimmt das Denken der heute handelnden Generationen.» [*NZZ* 4.9.93].

Europa ist anders: Aus der Vielfalt erwuchs der Wettbewerb, der die menschlichen Fähigkeiten des einzelnen erschliessen half. Der Wettbewerb der Staaten, der Rechtsgefüge, der Unternehmen und schliesslich der Währungen liessen Europa zur Weltmacht erstarken. Europa ist ein Kontinent und nicht nur eine Gemeinschaft von zwölf (der total 51) Staaten. Nur der Wettbewerb verheisst Fortschritt, der Zentralismus führt zu Unfruchtbarkeit und zum Zerfall.

Die EG praktiziert dauernd Eingriffe der Bürokratie und verursacht Zuständigkeitswirrwarr statt Selbstverwaltung, Eigenständigkeit und Entscheidungsfreiheit. Ein geeintes Europa darf keine Zwangsanstalt sein.

Europa ist nicht am Ende; am Ende ist nur die EG, deren Schein immer stärker als ihr Sein war. Es ist ein Gebilde der Egoismen, denn jeder will von der EG profitieren. Die 40jährige Geschichte der EG beweist die Labilität dieser widernatürlichen Konstruktion:
- 1954 scheiterte das 1950 begonnene Vorhaben, eine "Europäische Verteidigungsgemeinschaft (EVG)" zu bilden;
- gleichzeitig scheiterte die mit ihr verbundene Initiative zur Bildung einer "Europäischen Politischen Gemeinschaft (EPG)", in der sich die sechs Staaten der Montanunion auch politisch integrieren wollten;
- 1957 scheiterte die 1948 gegründete "Organisation für Europäische Wirtschaftliche Zusammenarbeit (OEEC)", geplant zur Schaffung einer grossen, ganz Westeuropa umfassenden Freihandelszone;
- 1957 wurde im EWG-Gründungsvertrag vereinbart, bis zum Jahr 1970 einen Binnenmarkt zu schaffen. Am Neujahrstag 1970 konnte lediglich das totale Scheitern dieses Vorhabens festgestellt werden;
- 1962 scheiterte das ein Jahr zuvor begonnene (erneute) Bemühen um einen politischen Zusammenschluss der sechs EWG-Staaten, das Projekt einer "Europäischen Politischen Union (EPU)";
- 1963 brach die EWG die 1961 mit Grossbritannien aufgenommenen Beitrittsverhandlungen wegen Frankreichs Widerstand ab;
- 1966 wurde die mehrjährige Krise in der EWG beendet mit dem Beschluss, die EWG dürfe sich nicht über zentrale nationale Interessen der Mitgliedstaaten hinwegsetzen;
- 1970 scheiterte der von den Staats- und Regierungschefs der EG-Staaten beschlossene Versuch, innerhalb von zehn Jahren eine Wirtschafts- und Währungsunion einzuführen;
- und in den weiteren Jahren bis zur heutigen Stunde reiht sich ein Misserfolg an den anderen: 1992 der Zusammenbruch des Europäischen Währungssystems (EWS), Vorläufer der geplanten Währungsunion, im Gegensatz zu den USA und Japan eine in diesem Jahrhundert nie dagewesene Rezession, ein Landwirtschaftsdesaster, finanzielle Misswirtschaft der EG bis zur Konkursreife, Grossbetrügereien mit EG-Geldern und Korruption höchster staatlicher und EG-Funktionäre, grassierende Arbeitslosigkeit, irreparable Staatsverschuldungen, über 50 Millionen unter der Armutsgrenze lebende EG-Bürger und zusätzlich über 3 Millionen Obdachlose, totales Versagen im ersten Test als "Friedensstifter" in den erschütternden kriegerischen Auseinandersetzungen in Ex-Jugoslawien und der ehemaligen UdSSR, laufende gegenseitige staatliche Erpressungen durch die Regierungsvertreter usw.

Mit guten Gründen erklärte der EG-Kommissionspräsident und Sozialist Jacques Delors an einer Versammlung der Französischen Sozialisten:

«Wegen der derzeitigen Rezessionsfolgen ist es erforderlich, dass die Mitgliedstaaten schnell eine mutige neue Initiative auslösen, sonst bleibt der Vertrag von Maastricht mit der Wirtschafts- und Währungsunion nur toter Buchstabe. Warum sollten wir dies verschweigen? Wenn wir so weiterfahren, ist eine EG-Auflösung zu befürchten, und Maastricht würde sich in nichts auflösen. Er sagte weiter, die klassische Strategie der EG, nur kleine Schritte zu unternehmen, sei an ihr Ende gekommen und es wäre Zeit, jenes politische (sozialistische) Europa zu fordern, das wir uns vorstellen» [*Financial Times* 31.8.93].

Fast zur gleichen Zeit sagte Delors, die EG sei nach der jüngsten Währungskrise und dem Fehlen eines gemeinsamen Herangehens an die Jugoslawien-Krise ein "Haus in Gefahr". Rückschläge führte er auf den Mangel an wirtschaftlicher Konvergenz und an politischem Willen zurück, mit der Vereinigung Europas fortzufahren. Wenn die Dinge so weiterliefen, "wird es keine gemeinsame Währung geben" [*NZZ* 30.8.93].

Der EG-Ministerrat als wichtigstes Brüsseler Legislativorgan wird nicht gewählt; er ist niemandem Rechenschaft schuldig. Noch weniger legitimiert ist die Brüsseler EG-Kommission. Deren Mitglieder werden von den nationalen Regierungen der EG-Länder ernannt; die Ressortverteilung wird durch kompliziertes Feilschen festgelegt. Obwohl der Ministerrat der Entscheidungsträger der EG ist und innerhalb der Gemeinschaft die gesetzgeberische Funktion ausübt, kann er nur auf Vorschlag der EG-Kommission tätig werden und die von ihr vorgetragenen Anträge behandeln!!

Diese EG-Kommission, die in leitenden Stellungen viele hochbezahlte Funktionäre zweiter und dritter Klasse beschäftigt, arbeitet dermassen selbstherrlich, dass sie sich oft ihrer absurden Tätigkeit nicht bewusst wird.

Als Norwegen im Zusammenhang mit dem EG-Beitrittsgesuch die für das Land wichtigen Fragen der Fischereirechte und der vor der Küste gelegenen gewaltigen Öl- und Gasvorkommen aufwarf, erhielt die Regierung aus Brüssel ein 10 Kilogramm schweres Antwortbündel [*BeZ* 25.2.93].

Das Beitrittsgesuch von Schweden gebar in Brüssel ein 50'000 Seiten dickes Vertragswerk. Stockholm war genötigt, für die Überarbeitung und die entsprechenden Verhandlungen 200 Diplomaten auszubilden. Auf Veranlassung der EG-Kommission haben sich die Agrarminister ein Jahrzehnt lang den Kopf zerbrochen, wieviel Raum der europäischen Legehenne in ihrem Käfig zusteht. Die Richtlinie sah einen Mindestabstand in den Legebatterien von 22,4 Zentimetern vor. Sie wird nun als nicht durchsetzbar aufgehoben. Auch die technischen Vorschriften für gebrauchte Maschinen und Karussellteile mussten storniert werden.

Nach umfangreichen Studien wurde die gute Absicht fallen gelassen, den Zootieren per Richtlinie einheitliche Lebensbedingungen zu verschaffen; ebenso geopfert wurden trotz Brüsseler Gleichschaltungswahn einheitliche Autokennzeichen in sämtlichen Mitgliedstaaten.

Obwohl Brüssel fortan darauf verzichtet, Mineralwasser, Honig und Konfitüren einheitlich zu etikettieren, dürfen süddeutsche Produzenten ihren Aprikosengelee nicht mehr als Marillenkonfitüre anbieten [*Spiegel* 52/92]. Marillenmarmelade darf auf dem Etikett nur noch heissen: Aprikosenkonfitüre. Aber Marillenschnaps darf Marillenschnaps heissen.

Über die EG-Kommission versuchten die deutsche und die niederländische Käseindustrie über europäische Hygienevorschriften den bakterienhaltigen und wohlschmeckenden "fromage cru" der Franzosen (Camembert aus Rohmilchkäse) vom eigenen Markt fernzuhalten. Den Franzosen, Griechen und Italienern wiederum lag am Verbot der Tabakwerbung; sie fürchteten die Konkurrenz ausländischer Markenzigaretten für ihre staatlichen Tabakmonopole.

Brüssel wünscht nach Frankreichs Vorbild alles zu normen und vorzuschreiben. So wird untersucht, ob Normen und Gesetze, die beispielsweise eine Maschine in der Bundesrepublik aus arbeitsschutzrechtlichen Gründen zulassen, gleichwertig mit Normen etwa in Frankreich sind. In Frankreich herrschen im Moment 138'344 Normblätter.

Ein weiteres, praktisch unlösbares Problem ist die Europäisierung der EG. Heiss umstritten ist unter den Zwölf schon heute, wann die ersten ost- und mitteleuropäischen Staaten in die Gemeinschaft aufgenommen werden können. Die Franzosen und Spanier möchten den Beitritt ehemals kommunistischer Länder weit hinauszögern. Paris fürchtet eine Verschiebung der politischen Kräfteverhältnisse, weil durch die Ausdehnung nach Osten Deutschland mehr ins Zentrum der EU rücken würde. Die Spanier, Portugiesen und Griechen wollen die Milliarden aus den Struktur- und weiteren Fonds nicht mit den armen Neuankömmlingen teilen.

Mit der Europäisierung der EG hapert es auch auf anderen Gebieten. Wie die gegenwärtige Lage im ehemaligen Jugoslawien zeigt, ist die EG zur Regelung europäischer Angelegenheiten vor lauter Waffenstillständen nach wie vor auf den "Weltpolizisten" USA angewiesen. Die Rolle, welche die "Wirtschaftsmacht" EG bei der Beilegung dieses Konflikts spielt, ist gelinde ausgedrückt blamabel. Ihre Hilflosigkeit wirkt peinlich und beschämend zugleich [BaZ 17.7.93].

Die EG ist nicht "europatauglich". Ihr erster und oberster Grundsatz lautet: Gleiche Rechte und gleiche Pflichten für alle. Im Währungsbereich aber scheren Grossbritannien und Dänemark aus, im freien Personenverkehr machen Grossbritannien, Dänemark und Irland nicht mit, im Sozialbereich steht London abseits, bei der Aussen- und Sicherheitspolitik will Dänemark nicht, und bei den restlichen Elf bestehen grundlegende Differenzen.

Auch der Vertrag von Maastricht wird nichts zur Europäisierung der EG beitragen. In Maastricht ging es eben nicht um hohe europäische Ideale, sondern um die Verteilung von Geld und Macht. Dieser Vertrag ist ein eindeutiger Beweis dafür, dass die Regierungen eine demokratische Entscheidung der Völker Europas über die politische Union und deren Konditionen nicht wünschen.

Ein Zerwürfnis zwischen den Erben Charles de Gaulles und Konrad Adenauers würde die EG in die schwerste Krise seit den Römer Verträgen stürzen und alle Visionen von einer Politischen Union, wie sie der Vertrag von Maastricht vorsieht, platzen lassen.

Zu offenkundig sind die Interessengegensätze (Treffen Balladur/Kohl in Bonn August 1993), zu offen zeigten die Franzosen ihre Verbitterung über die deutschen Nachbarn, denen sie vorwarfen, ihre nationalen Interessen vor die Erfordernisse Europas zu stellen - und mit ihrer Hochzinspolitik die ganze EG für die Wiedervereinigung bezahlen zu lassen.

"Angeklagter Kohl, erheben Sie sich", donnerte eine Ausgabe der Mailänder Zeitschrift L'Europeo dem als Bundesadler mit riesigen Krallen verfremdeten Bonner Kanzler entgegen. In einem "Gerichtsprotokoll" wurde der Deutsche in sieben Punkten angeklagt.

Der Vizepräsident der Brüsseler Kommission, der Belgier Karl van Miert:

«Wenn die Naht Bonn-Paris reisst, gerät die Gemeinschaft ins Trudeln. Die EG lebt derzeit gefährlich» [*Spiegel* 35/93].

Und wie steht's heute mit Deutschland, der EG-Wirtschaftslokomotive ohne Dampf? Wir zitieren den Kronzeugen, Bundeskanzler Helmut Kohl, der am 5.11.93 anlässlich seines ersten Auftritts im Bundesrat seit 1989 sagte:

«Die Wirtschaftskrise kann nur mit einem tiefgreifenden Wandel in Staat und Gesellschaft bewältigt werden... Wir Deutschen stehen heute vor einer völlig neuen Situation... Angesichts von fünf Millionen fehlender Arbeitsplätze (*Rekord in der Nachkriegsgeschichte Deutschlands*, d. A.) geht es um die Behebung schwerer struktureller Entwicklungsfehler und um überfällige Veränderungen in Wirtschaft und Gesellschaft» [*SdZ* 6.11.93].

Ob einige unserer Bundesräte oder integrationssüchtige Parlamentarier unserem Nachbarn bei der "Behebung der schweren strukturellen Entwicklungsfehler und der überfälligen Veränderungen in der deutschen Wirtschaft und Gesellschaft" an die Hand gehen möchten? Vielleicht wird der EWR oder die EG dann wieder diskussionswürdig!

Im Monatsbericht der Deutschen Bundesbank vom Juni 1993 ist zu lesen:

«Die gesamtwirtschaftliche Situation hat sich in Deutschland nach dem Jahreswechsel 1992/93 weiter verschlechtert. In den alten Bundesländern ging das Bruttoinlandprodukt im ersten Vierteljahr saison- und kalenderbereinigt gegenüber dem vorangegangenen Quartal um 1½% zurück. Die Schwächetendenzen der westdeutschen Wirtschaft konzentrieren sich vor allem auf das Verarbeitende Gewerbe, das direkt am stärksten von dem Rückgang der Auslands- und Inlandsnachfrage betroffen ist.»

Während in der Schweiz Bundesräte, Vertreter der Grossindustrie, der Grossbanken, einiger Versicherungsgesellschaften, begleitet von einer Anzahl Parlamentarier und Partei- und Gewerkschaftsstrategen alle Anstrengungen unternahmen, um der Bevölkerung den EWR schmackhaft zu machen und heute für die EU agieren, regen sich in Deutschland gegen den EWR als auch gegen die EU immer mehr bedeutende Persönlichkeiten, denen im Gegensatz zu unseren EU-Anpassern kein Profitstreben oder Eigeninteressen nachgesagt werden können. Eine Gruppe von 60 Hochschulprofessoren für Rechts- und Staatswissenschaften haben in der *Wirtschafts- und Finanzzeitung* vom 26.6.92 u.a. erklärt:

«... dass der Maastricht-Vertrag Kompetenzen auf Organe der Europäischen Gemeinschaft in einer Art und Weise überträgt, die zu einer Zentralisierung ohne hinreichende Kontrolle führen würde... Der neue Zielkatalog der EG räumt den Gemeinschaftsorganen weitreichende Kompetenzen für die Entwicklung eigener Politiken ein. Zu nennen sind hier eine Industriepolitik, die Forschungs- und Technologieförderungspolitik, die Sozialpolitik, die Kultur- und Bildungspolitik sowie die Verbraucherschutzpolitik. Alarmierend ist daran nicht nur, dass den Gemeinschaftsorganen die Möglichkeit zu interventionistischen Massnahmen und Programmen auf den genannten Feldern gegeben wird, sondern auch, dass ihre Aktivitäten keiner wirksamen Kontrolle durch die Mitgliedstaaten, das Europäische Parlament und den Europäischen Gerichtshof unterliegen... liefert vielmehr die Legitimationsgrundlage für einen unkontrollierten, freiheitsbeschränkenden Interventionismus... das Subsidiaritätsprinzip ist aber derart unbestimmt gefasst, dass sich die Mitgliedstaaten gegen eine systematische Aushöhlung ihrer Kompetenzen durch die EG nicht wirksam schützen können. Damit ist die Zentralisierung vertraglich programmiert; denn es gibt kaum eine Regulierung, die nicht von den begünstigten Interessengruppen unter dem Vorwand des Verbraucherschutzes gefordert werden könnte. Im Bereich der beruflichen Bildung soll die EG nicht mehr nur für allgemeine Grundsätze zuständig sein, sondern sie soll eine Politik der beruflichen Bildung durchführen. Nach Art. 128 EUV leistet die Gemeinschaft sogar einen Beitrag zur Entfaltung der Kulturen der Mitgliedstaaten, indem sie den Bereich des künstlerischen und literarischen Schaffens, einschliesslich audiovisuellen, durch eigene Massnahmen ergänzt. Kaum ein Gebiet erscheint für eine auch nur teilweise Zentralisierung auf europäischer Ebene so wenig geeignet wie das der Kultur- und Bildungspolitik, denn die nationalen und regionalen Präferenzen und Traditionen sind geradzu elementar für die als bewahrens- und entfaltenswert anerkannte kulturelle Vielfalt. Die Defizite des Maastricht-Vertrages sind so schwerwiegend, dass von einer Ratifizierung des derzeit vorliegenden Vertragstextes abzuraten ist» [so auch *NZZ* vom 7.7.92].

Die *Zeitschrift für Rechtspolitik*, Frankfurt a.M., meint dazu:

«Das Schreckensszenario, das für den Fall des Scheiterns von Maastricht an die Wand gemalt wird, ist absurdes Theater. Den europäischen Völkern ist der Sinn des monströsen Unternehmens nie aufgegangen und auch nie plausibel erklärt worden.»

Auf eine Umfrage des deutschen ZDF im Jahr 1992 über die Zustimmung zur EG antworteten über 80'000 Zuschauer. 81 Prozent äusserten sich gegen und nur 19 Prozent für die EG. Nach der Sinndeutung des Basler Konso-Instituts sind somit 4/5 der Deutschen, die die "Wohltaten" der EG bereits seit Jahren geniessen, gegen Brüssel.

«Für eine Mehrheit der Schweizer geht der Weg in Richtung EG.» Dieser Ansicht seien zwei Drittel der Bevölkerung! Das Konso-Institut in Basel habe im Auftrag des Westschweizer Radios RSR 563 Personen in der deutschen Schweiz, 606 in der Romandie und 247 im Tessin (total 1'416!) befragt. 62,3 Prozent (882 Personen!) der Befragten glaubten, dass die Eidgenossenschaft in zwei bis drei Jahrzehnten zur EG gehören werde [*BaZ* 13.9.93].

Einer Umfrage der Zeitschrift *CAPITAL* zufolge (Dezember 1992, S. 94) halten die deutschen Wirtschaftsführer zu 86 Prozent die EG-Bürokratie für "regulierungswütig", zu etwa 65 Prozent für zu rücksichtslos gegenüber den Besonderheiten der einzelnen Länder, und zu mehr als 70 Prozent für ein "Monster".
88 Prozent der Deutschen spüren gemäss einer Umfrage des Dortmunder Forsa-Instituts nichts vom Binnenmarkt. Und nur gerade 18 Prozent von 15'000 vom Deutschen Industrie- und Handelstag befragte Unternehmen erwarten, dass Europa ihren Geschäften hilft [*Zeitpunkt* 5/6-93].

In der Eidgenossenschaft hat in den letzten Jahren ein Teil der Classe politique die politische und eben auch wirtschaftliche und moralische Inferiorität der Schweizer zu einer Art von Grundgesetz gemacht, aus dem die selbstverständliche Pflicht der Unterwerfung abgeleitet wird. Diese Situation ist nicht neu; schon vor 50 Jahren war zu lesen: "Deutschland strebt die Einigung Europas auf föderativer Grundlage an." Dieser Satz stammt aus den Leitfäden des Europa-Ausschusses in Berlin vom 9. September 1943! 1944 kam aus der Berliner Reichsdruckerei der erste Europa-Pass. Aus dem Bundeshaus in Bern verlautete aus dem Mund des damaligen Bundespräsidenten und Aussenministers: "Die Ereignisse marschieren schnell; man muss sich ihrem Rhythmus anpassen" [25. Juli 1940]. Sogar die Sozialdemokraten waren anpassungswillig:

«Ob unser Land noch rechtzeitig zur notwendigen Erneuerung durchzustossen vermag, ist zu einer Frage auf Leben und Tod geworden, zu einer zwingenden Alternative, aus der es kein Entrinnen gibt» [*Nation* 5.9.40].

Die SP-Erklärung vom 18. Juli 1940 lautete:

«Die Voraussetzungen der bisherigen traditionellen Neutralitätspolitik sind durch die europäischen Ereignisse zerstört. Eine Neuorientierung der Innen- und Aussenpolitik der Schweiz drängt sich auf.»

Diese SP-Verlautbarung wird kaum jemanden erstaunen. Im Februar 1994 kam der SP-Zentralvorstand neuerdings zum Schluss, "die Neutralität sei bedeutungslos geworden und erschwere die solidarische Öffnung" [*SRG* 20.2.94, *LuZ* 21.2.94]. Erstaunen lässt lediglich, dass dieses Mal nicht nationalsozialistisches Gedankengut ausschlaggebend war, sondern der Euro-Snobismus liess gewisse Parteipolitiker die Identität ihres Landes vergessen und verleitete sie zu rhetorischen Exzessen.

Die "Neuorientierung" blieb aus, obwohl in diesem Europa machtbesessene Politiker andere Suprastaaten formierten, die inzwischen naturgegeben in Chaos zerfielen und Millionen von Menschen in unsägliches Leid und Unglück stürzten. Es wäre eine beispiellose historische und geistesgeschichtliche Perversion, wenn wir in der gleichen weltgeschichtlichen Stunde, in der wir die zentralistischen, bürokratischen und supranationalen Grossreichgebilde im Osten zusammen- und auseinanderbrechen sehen, nach dem gleichen Strickmuster ein zentralistisches, bürokratisches und supranationales Kolossal-Europa errichten würden.

Das veränderte sicherheitspolitische Umfeld (Ex-Sowjetunion, Ex-Jugoslawien) in Europa hat die Situation für die Schweiz in keiner Weise so beeinflusst, dass jetzt ein Anschluss an die EU dringender oder empfehlenswerter wäre. Im Gegenteil: Es haben sich mehr Märkte erschlossen, mit einem unvorstellbaren Aufholbedarf. Gerade ohne EU ist dort mehr Platz für unsere Leistungen! Abgesehen davon ist die Schweiz wirtschaftlich in Westeuropa bereits integriert, stärker als jeder der EU-Staaten - ausgenommen Deutschland. Sie weist verhältnismässig die intensivsten Handelsbeziehungen und höchsten Direktinvestitionen im EG-Raum aus.

Spitzenpolitiker Deutschlands versuchen mit Redeblüten und "diplomatischen" Ausführungen unser Land zur Annäherung an die EU zu bewegen. Mit welcher Legitimation sie dies tun, ist nicht erfindlich, denn es darf nicht übersehen werden, dass die Politiker unseres nördlichen Nachbars in diesem Jahrhundert ihrem Volk bereits vier grundsätzlich verschiedene Regierungsformen beschert haben und ihm jetzt eine direkte Mitsprache zur EU-Problematik verwehren.

Es gehört zu den Merkwürdigkeiten der EU-Diskussion in der Schweiz, dass die politische Klasse und Spitzenbeamte auf dem Gebiet der Ökonomie blind zu sein scheinen, und ein Grossteil der Journalisten schreibt über die Wirtschaft wie Blinde über Farben. Von ihnen wird mit viel Fleiss und System versucht, den Standort Schweiz und die Wettbewerbsfähigkeit unserer Wirtschaft schlecht zu machen. Haben diese Leute je Vergleiche mit EU-Nationen angestellt? Sie mögen ihre Resultate aufzeigen, wo es denn besser ist und wo wir für die Zukunft Lehren herholen können. Trauriges Beispiel: Ein Dr. Hugo Bruggmann - offenbar absoluter Wirtschaftslaie - Mitglied der CH-Mission bei der EG, erlaubte sich zu behaupten:

«Bei gleicher Interessenlage wird die Schweiz einen stärkeren Verbündeten haben, mit dem sie eigene z.B. handels- oder währungspolitische Anliegen gegenüber ungleich grösseren Ländern besser wird durchsetzen können als heute. Längerfristig wird sich die Attraktivität unseres Landes als Standort für internationale Privatunternehmen und damit auch unser hoher Wohlstand nur durch die Mitgliedschaft in der EG und in der WWU aufrechterhalten lassen» [*Der Monat* 7-8/92].

Bisher und bis auf weiteres fallen dem gepredigten Fortschritt in den EG-Staaten monatlich Zehntausende von Arbeitsplätzen zum Opfer. Mentalitätsunterschiede, unterschiedliches Ausbildungsniveau, rechtliche Komplikationen und Schwierigkeiten mit den Gewerkschaften bilden im Ausland schwerwiegende Reibungspunkte. Für Unternehmensstandorte sind nicht nur Kostenniveaus massgebend, sondern auch Infrastruktur, Verkehrs- und Vertriebswege, Ausbildungsstand der Arbeitskräfte und das Zulieferwesen. Es dürfte seine Gründe haben, warum ein ausgewiesener Fachmann der Industrie und der Wirtschaft und ehemaliger EWR-Befürworter, Vorort-Präsident Pierre Borgeaud (Sulzer), erklärte:

«Priorität ist für uns nicht mehr, was bezüglich Europa zu tun ist, sondern der Standort Schweiz. Ebensowenig Sinn macht politisch die Vorlage eines EG-Beitritts, wenn der EWR schon gescheitert ist» [*BeZ* 26.8.93].

Die Schweiz weist bisher jedes Jahr Ertragsbilanzüberschüsse aus, wogegen fast alle EG-Staaten negative Ertragsbilanzsalden aufzeigen. Unsere Staatskasse subventioniert kaum Industriebetriebe - jedenfalls nicht in grösserem Ausmass -, wogegen in der EG sämtliche Länder (ausser Luxemburg) jährlich Riesenbeträge einschiessen müssen. Die dortige Industrie ist somit weitgehend nicht EG-fähig.

Die weltberühmte Ratingagentur Moody's Investors Service und die renommierte Zeitschrift "*Institutional Investor*" bewerteten die Bonität der Nationen. Beide kamen zum gleichen Ergebnis. Bei den zehn bonitätsmässig am besten angesehenen Ländern schwang die Schweiz obenauf, gefolgt von Japan.

Die von vielen Spitzen unserer Regierung, der Industrie, von Parteistrategen und Gewerkschaftsfunktionären betriebene EU-Beitrittsagitation ist eine würdelose EU-Anbiederei. Sie fordern die Opferung gesicherter Schweizer Werte auf dem Altar europäischer Ungewissheiten. Viele Parlamentarier befinden sich unter dem Zustimmungsjoch europabesessener Bundesräte.

Bei einem EU-Beitritt würden Bundesrat, Chefbeamte und unsere Diplomaten in der EU sagen, was sie für den Willen der Mehrheit der Schweizer halten. Der EU-Beitritt brächte all diesen Funktionären einen erheblichen Machtzuwachs (*was sie offenbar auch anstreben*, d.A.). Der Bundesrat ist in der EU-Frage jedenfalls Partei. Sein Versprechen einer neutralen Information ist daher widersinnig und unwahr, was die Praxis (siehe Integrationsbüro EDA/EVD) zur Genüge beweist.

Wenn man unsere Spitzenfunktionäre und viele ihrer Lakaien in Politik und Wirtschaft wohl nicht als Landesverräter bezeichnen darf, so scheint deren Benennung als "Totengräber unserer Demokratie" nicht sehr daneben zu liegen; sie leisten der direkten Demokratie Sterbehilfe. Die Politiker, die heute keine Alternative zur EU zu sehen vermögen, können unmöglich weiter die Geschicke dieses Landes leiten oder beeinflussen.

In der Schweiz ist die breite Ablehnung, der EU beizutreten, in der "Ideologie des Pragmatismus" verwurzelt: dem Stolz, sich den Konflikten des Jahrhunderts entzogen zu haben, keiner Form von Fanatismus unterlegen zu sein und aus einem Land ohne Rohstoffe weltweit einen der wirtschaftlich erfolgreichsten Staaten gemacht zu haben.

Wer den Glauben der EU-Befürworter von den Vorteilen der EU nicht teilt, ist entweder miserabel informiert, kleinkariert, provinziell, nationalistisch, schlecht gebildet, ein Auslaufmodell oder von vorgestern. Die EU-Protagonisten und deren bezahlte oder freiwillige Diener nehmen die ungezählten EU-Versprechen und -Zusicherungen als bare Münze, setzen ihre unerfüllbaren Prognosen anstelle der Wirklichkeit und schwadronieren von Diskriminierung, Isolation, Abschottung usw.

Wir sind nicht EU-Kritiker, weil wir das friedliche Zusammenleben der Völker ablehnen, nicht weil wir gegen Europa sind, sondern weil wir den Preis der Überantwortung der eigenständigen Kompetenzen an eine bürgerferne, unkontrollierbare, zentralistische Oligarchie der Gleichschaltung und des demokratischen Zerrbilds ablehnen. **In Wirklichkeit geht es doch nicht darum, ob, sondern wie wir ein vereintes Europa bauen wollen.**

II. Teil: Begebnisse bis zum Klaustag 1992

Wetterwendische Bundesräte

> Im Unterschied zu früher gibt es im Bundesrat zum Thema Europa heute Meinungen. Aber sieben verschiedene.
> [Ulrich Bremi, als Nationalratspräsident 1991]

Viele EWR/EU-Befürworter sehen in Sir Winston Churchill den Hauptanimator für einen freien Zusammenschluss Europas. In seiner berühmten Rede 1946 in Zürich, in der er sich auf die Eigenart der Eidgenossenschaft bezog, lancierte er die Idee eines föderalistischen

Europas. Es war die Vision der "Vereinigten Staaten von Europa", ein Staatenbund, und nicht ein alle Völker dominierender Bundesstaat, wie er sich jetzt mit der EU herausbildet.

Der gleiche Winston Churchill warnte aber seine Landsleute bereits in einer Rede vor der British Royal Society of St. George am 24. April 1937:

«Die ärgsten Schwierigkeiten, unter denen wir leiden, kommen nicht von aussen. Sie kommen von innen. Sie kommen aus einer Stimmung ungerechtfertiger Selbsterniedrigung, in die uns ein einflusssreicher Teil unserer Intellektuellen gestürzt hat. Wenn wir den Glauben an uns selbst verlieren, an unsere Fähigkeit zu lenken und zu regieren, wenn wir unseren Lebenswillen verlieren, dann gehen wir tatsächlich unserem Ende entgegen.»

Treffender könnte die Situation in der Schweiz, besonders ab 1990, nicht charakterisiert werden. Nicht nur, dass höchste Regierungsfunktionäre sich laufend durch Defätismus hervortaten und das Prestige unserer Nation und seines Volkes ständig herabwürdigten - und noch tun - , noch verheerender für die Europapolitik unseres Landes wirkte sich das Hin und Her, das Auf und Ab einiger Bundesräte aus. Meinungsgerangel, Widersprüche, Verdrehungen, mangelnde Sachkenntnis und Irreführungen der Öffentlichkeit waren fast an der Tagesordnung.

Zum Problem unserer bewaffneten Neutralität, die jetzt nach Meinung einiger Intellektueller und nach 150-jähriger Bewährung plötzlich "überprüft" werden muss, - weil sie bei einem EU-Beitritt nicht mehr aufrecht erhalten werden könnte (!) - erklärte der Bundesrat in seiner Botschaft vom 21. Dezember 1981 über den Beitritt der Schweiz zur UNO:

«Es besteht keinerlei Anlass, von unserer bewährten Neutralität abzugehen oder etwa den Neutralitätsbegriff zu verwässern (!). Der Bundesrat stellt deshalb mit aller wünschbaren Deutlichkeit fest, dass für ihn ein Beitritt der Schweiz zur UNO nur unter Beibehaltung ihrer traditionellen Neutralität in Betracht kommt.»

Und im Integrationsbericht des Bundesrates von 1988 ist nachzulesen

«... dass aufgrund ihrer bisherigen historischen Erfahrungen die Schweiz zu der Überzeugung gekommen war, die immerwährende und bewaffnete Neutralität weiterhin das geeignete Mittel zur Sicherung der schweizerischen Unabhängigkeit darstellte» [*Integrationsbericht* BBl 1988 III 249, S. 6].

Der bundesrätliche Integrationsbericht von 1988 weist knapp, aber ohne Beschönigungen auf weitere nachteilige Folgen eines EU-Beitritts der Schweiz hin:

«Die hohen Produzentenpreise im Agrarsektor könnten nicht weiter gehalten werden, der Landwirtschaft entstünde ein Einnahmeausfall von jährlich rund 3 Mia. Franken netto, zwangsläufige Konsequenz wären betriebsgrössenmässige und räumliche Konzentrationsprozesse, d.h. nur grössere Landwirtschaftsbetriebe in begünstigten Lagen hätten die Wahrscheinlichkeit bezw. die Chance, ökonomisch zu überleben; der Agrarsektor würde insgesamt zweifellos fühlbar schrumpfen» [*Integrationsbericht* BBl 1988 III 249, S. 112].

Ein Beitritt zur EU scheidet 1988 für den Bundesrat auch wegen der Unvereinbarkeit der politischen Zielsetzungen der EU und dem schweizerischen Souveränitäts- und Neutralitätsverständnis als Alternative aus. Ohne sich für alle Zeiten festlegen zu wollen, folgert der Bundesrat im Sommer 1988:

«... ein Beitritt (kann) nach heutigem Ermessen nicht das Ziel der schweizerischen Integrationspolitik sein» [*Integrationsbericht* BBl 1988 III 249, S. 131].

Ebenso sind für den Bundesrat eine Zollunion oder eine Assoziation mit der EG keine Alternativen zum bestehenden Kooperationsmodell,

«... da beide die Schweiz gewissermassen zum voraus verpflichten würde(n), ihre Rechtsentwicklung weitgehend mit der EG abzustimmen, und zudem in Zukunft eine eigenständige Aussenhandelspolitik verunmöglichen würden» [*Integrationsbericht* BBl 1988, S. 127].

Noch 1988 war im Bundeshaus von einer despotischen Voreingenommenheit nicht viel zu spüren, ja, die Bundesräte waren damals noch in der Lage, realitätskonform abzuwägen:

«Die Schweiz hält sich mit ihrer Entscheidung vom formellen EG-Entscheidungsprozess fern, obwohl sie durch Vergrösserung der EG und die Ausdehnung der Gemeinschaftskompetenzen von deren Entscheiden immer mehr betroffen ist. Es ist der Preis, der für die Aufrechterhaltung unserer Souveränität, unserer aussenpolitischen Grundsätze und unserer föderalistischen und demokratischen Institutionen zu entrichten ist» [*Integrationsbericht* BBl 1988, S. 131].

Unsere regierende Kollegialbehörde kam dann auch zum treffenden Schluss, den sie vier Jahre später, unterstützt vom Parlament, kapriziös und ohne glaubwürdige Begründung umstiess:

«In Beurteilung der heutigen Lage gelangt der Bundesrat jedoch zum Schluss, dass es dem Willen der grossen Mehrheit des Schweizer Volkes entspricht, an den staatspolitischen Grundgegebenheiten der Nation festzuhalten» [*Integrationsbericht* BBl 1988, III 249, S. 134].

Bundesrat Jean-Pascal Delamuraz war noch im Jahr 1987 der Ansicht, wir bräuchten keine EG-Mitgliedschaft. In seinem Referat an der Schweizer Mustermesse 1987 erklärte er:

«Ein Beitritt zur EG kommt für uns auf absehbare Zeit nicht in Frage; die Wahrung existentieller Eigenheiten verbietet es. Ich denke vor allem an unsere direkte Demokratie, den Föderalismus und die Neutralität.»

Seit 1991 vertritt er den konträren Standpunkt. Anlässlich seines Besuches 1988 im Fürstentum Liechtenstein jedoch, als er die Zusammenarbeit zwischen der Schweiz und Liechtenstein in europäischen Fragen bekräftigte, erklärte er:

«Für die Schweiz kommt aus Gründen der Neutralität und der direkten Demokratie ein EG-Vollbeitritt nicht in Betracht» [*NZZ* 25.2.92].

Der kurz vorher präsentierte "Integrationsbericht 1988 des Bundesrates" löste Ende Februar 1989 im Nationalrat heftige Debatten aus. Bundesrat Jean-Pascal Delamuraz beteuerte damals, zwischen den Polen EG-Mitgliedschaft und Abseitsstehen gebe es Möglichkeiten für "konstruktive Zwischenlösungen". Die "innovative schweizerische Aussenpolitik" könne sich auf die Entwicklungsklausel des Freihandelsvertrags von 1972 stützen, und es könne eine optimale wechselseitige Teilnahme ohne EG-Beitritt angestrebt werden [*ABull* NR 1.3.89, S. 187]. Die Schweiz brauche auf ihre bisherige Autonomie nicht zu verzichten. "Die Wahrung der aussenwirtschaftspolitischen Autonomie hat auch künftig Priorität". Im Verlauf weniger Jahre drehten sich bei diesem Magistraten alle diese Denkarten ins Gegenteil!

Im Frühjahr 1989 nahm unser damaliger Aussenminister René Felber zur Neutralität der Schweiz mit klaren Worten eine positive, verantwortungsbewusste Position ein, die er dann, wie wir noch sehen werden, später "praxisgemäss" aufgab.

«Vor einem allzu innigen Verhältnis zur EG schreckt die Schweiz hauptsächlich aus neutralitätsrechtlichen Gründen zurück. Ich habe meinem österreichischen Amtskollegen Alois Mock anlässlich von dessen jüngstem Besuch in Bern deutlich gemacht, dass eine Diskussion über die Interpretation der Neutralität unbedingt zu verhindern sei und eine Auslegeordnung von dritter Seite die Schweiz empfindlich stören würde. Nach unserer Auslegung wäre es fatal, wenn die Sowjetunion oder die EG darüber befinden würden, ob ein Beitritt der Republik Österreich mit der Neutralität vereinbar sei oder nicht: Die Neutralität ist unser ureigener aussenpolitischer Fixstern und muss das auch bleiben. Der EG kann man nicht mit Vorbehalten beitreten: Falls Österreich es versuchen sollte, müsste Brüssel ihm eigentlich wie uns kategorisch erklären, Trittbrettfahrer seien unerwünscht» [*WW* 23.3.89].

Auch Bundesrat Jean-Pascal Delamuraz, sich auf die laufenden EWR-Verhandlungen in Brüssel beziehend, meinte im Dezember 1989 noch beharrlich:

«Ohne Mechanismen zur gemeinsamen Entscheidungsvorbereitung und Beschlussfassung gibt es keine neuen Formen der Zusammenarbeit zwischen der EG und der EFTA» [*Politik und Wirtschaft* 12/91].

Im Dezember 1989 gab Bundesrat René Felber zum Verhältnis Schweiz - EG dem *Spiegel* ein längeres Interview, das selbst der *Neuen Zürcher Zeitung* zu oberflächlich und vage vorkam (*NZZ*: "Sie vermisse Tiefenschärfe in der Analyse und Konturen beim Skizzieren möglicher Entwicklungen"). Widersprüchlicher ginge es wohl kaum mehr. Die Aussagen BR Felbers sind ein trauriges Zeugnis über die im Bundeshaus herrschende Mentalität, unsere Neutralität und das Überleben unseres Landes betreffend:

«Noch vor einem Jahr hatte die Regierung auf Druck der Wirtschaft einen ausführlichen Bericht über das künftige Verhältnis des Landes zur EG veröffentlicht. Die Schweiz, so lautete die Botschaft, solle sich zwar, wo immer möglich, den Normen der EG anpassen, ein Beitritt jedoch komme vorerst nicht in Frage. Nachdem die Österreicher in Brüssel ein Beitrittsgesuch abgeliefert hatten, wollten auch die Schweden, Norweger und Isländer ihre Kontakte zur EG verstärken. Die EFTA, schlugen sie vor, müsse dort antreten. Die Berner Regierung lehnte den Vorschlag ab. Im Aussenministerium spielten die Planer erstmals mit der Möglichkeit, die Neutralität aufzugeben, da sie längst überlebt sei... haben die Planer des Berner Aussenministeriums die Idee des EG-Kommissionspräsidenten Delors aufgegriffen. Der Eidgenossenschaft, meinen diese Schweizer, bleibt nun keine Wahl: Sie muss sich integrieren und dabei einen bedeutenden Teil ihrer Souveränität aufgeben. Gefährdet sind eine Reihe der markantesten Sonderregeln im Kartellrecht, im Steuer-, Ausländer- und Sozialrecht. Bedroht sind aber auch Errungenschaften, die als vorbildlich gelten - vor allem im Umweltschutz. Selbst das Schweizer Vorrecht, über jedes Gesetz ein Referendum abhalten zu können, verträgt sich schlecht mit den neuen europäischen Perspektiven. Schon sprechen junge Diplomaten im Berner Aussenministerium ganz unbefangen vor der Möglichkeit, dass es in 30 Jahren die Schweiz nicht mehr gibt» [*Spiegel* 51/89].

Trotzdem haben noch 1989 höchste helvetische Diplomaten sich überheblich zur "Chimäre" (Hirngespinst) einer österreichischen EG-Mitgliedschaft geäussert und der Wiener Diplomatie "mangelnden Realitätssinn" unterstellt.

Bundesrat René Felber war im Mai 1990 bereits geneigt, sich über den EWR der EG anzunähern; einen EG-Beitritt wies er allerdings entschieden zurück, weil darüber nur kommende Generationen entscheiden könnten. Schon zwei Jahre später müssen sich die "kommenden Generationen" gemeldet haben, denn BR Felber unterzeichnete dann ohne äusseren Druck das schweizerische EG-Beitrittsgesuch!

«Gegenseitige Abhängigkeit der einzelnen Länder bringt die Gefahr einer noch stärkeren Bürokratisierung unserer ohnehin schon komplexen Gesellschaft. Der neue Anlauf, der Mitte der achtziger Jahre zunächst mit dem Binnenmarktprogramm genommen wurde, führe unwiderruflich zur Verwirklichung des letzten Zieles, womit allgemein die Schaffung einer politischen Union gemeint ist. Für BR Felber stellt der EWR einen ehrlichen und pragmatischen Versuch der Schweiz zur Annäherung an das Europa der EG und zur Beteiligung an seiner Errichtung ohne Verzicht auf die eidgenössischen Eigenheiten dar. Bezüglich der Chance einer künftigen EG-Mitgliedschaft haben wohl künftige Generationen allenfalls über einen solchen Weg zu entscheiden; heute jedenfalls ist die Schweiz noch nicht reif, einen solchen Schritt einzuleiten. Der Bundesrat könnte sich vorstellen, dass mittel- und osteuropäische Staaten sich in drei Etappen an die Efta anschliessen könnten... ist Felber überzeugt, dass die kommenden EWR-Verhandlungen schwierig sein werden, weil jeder eigene legitime Interessen zu verteidigen hat» [*NZZ* 23.5.90].

Einen Monat später versuchte der gleiche Magistrat, seine Landsleute zu beruhigen mit der fadenscheinigen, durch nichts gestützte Behauptung, "das künftige Europa wird nur eine Föderation sein können" [*NZZ* 15.6.90].

Im Juni 1990 kamen aus dem Bundeshaus Erklärungen, die heute aufgrund der Verhandlungsergebnisse den Anschein erwecken, als hätte der Bundesrat das Volk hinters Licht führen wollen.

«Einer umfassenden Integration des EWR-relevanten EG-Rechtes in den EWR-Vertrag müsse die Möglichkeit entsprechen, dass alle Vertragspartner bei der Weiterentwicklung dieses Rechtes mitwirken und mitentscheiden können» [*NZZ* 19.6.90].

«Die Bundesräte Jean-Pascal Delamuraz und René Felber machten vor der Bundeshauspresse klar, dass für die Schweiz ein unauflöslicher Zusammenhang zwischen einem verbrieften Mitentscheidungsmechanismus und der Tragweite des EWR-Vertrages besteht. Im Klartext heisst dies, dass die Schweiz das von der Europäischen Gemeinschaft geschaffene Wirtschaftsrecht nur dann weitgehend übernehmen wird, wenn die EG die Länder der Europäischen Freihandels-Assoziation bei der Weiterentwicklung des EWR tatsächlich mitentscheiden lässt» [*TA* 19.6.90].

Völlig entgegengesetzt sind die Erklärungen von Bundesrat Jean-Pascal Delamuraz von 1990 zu jenen ab 1992 bezüglich der wirtschaftlichen Stärke unseres Landes und des möglichen "Alleinganges" der Schweiz:

«Wir sind nach den USA der wichtigste Handelspartner der EG. Und haben somit aufgrund unserer wirtschaftlichen Stärke eine vergleichsweise komfortable Ausgangsposition. Im übrigen kann man doch nicht von Alleingang sprechen, wenn die Schweiz mehr als 100 separate Abkommen mit der EG bereits abgeschlossen hat. Für die Schweiz gibt es drei Möglichkeiten. Normale Beziehungen mit der EG ohne neue Verträge, auf der Basis des Freihandelsabkommens aus dem Jahr 1972, der Alleingang also, wenn Sie wollen, obwohl es ja eigentlich keiner ist. Zweitens könnten wir uns der EG anschliessen - politisch ist das aber recht schwierig. Drittens können wir unsere Zusammenarbeit mit der EG und der EFTA verstärken, bilateral, wo nötig, oder multilateral. Inzwischen haben wir die Möglichkeit erhalten, den dritten Weg systematisch zu verstärken, im EWR, mehr multilateral als bilateral» [*WW* 28.6.90].

Trotz unserer "wirtschaftlichen Stärke und konfortablen Ausgangsposition" (Delamuraz) beschwor der Chefdelegierte Franz Blankart am 22. November 1990 die EFTA-Partnerländer, auf die bisherige Verhandlungsstrategie mit permanenten Ausnahmen zu verzichten und dafür eine "angemessene" Mitsprache zu verlangen. Wie sich zeigen wird, musste Blankart dann nicht nur auf die permanenten Ausnahmen, sondern sehr bald auch auf die "angemessene" Mitsprache verzichten.

Gedeckt wurde Franz Blankart durch den Bundesrat, der kurz vorher andere Bedingungen als essentiell erklärte:

«Der Verzicht auf permanente, zugunsten bloss befristeter Ausnahmen kommt nur in Frage, wenn gleichzeitig Schutzklauseln vereinbart werden, die zum Beispiel für den freien Personenverkehr bestimmte Grenzen des Ausländerbestandes festlegen, und wenn zweitens ein Mechanismus für gemeinsame Entscheidungen über die Weiterentwicklung des EWR gefunden wird» [*NZZ* 3.11.90].

Sein Schlusskommentar lautete:
«Für die Schweiz drängt sich keine Neuorientierung auf.»
Diese "Neuorientierung" kam aber doch und sehr schnell, denn "Grenzen des Ausländerbestandes" und "ein Mechanismus für gemeinsame Entscheidungen" wurden von Brüssel ganz einfach abgelehnt und von unserer Regierung kniefällig hingenommen, nicht ohne die Bevölkerung mit billigen Ausreden einzulullen.
So meinte Bundesrat René Felber

«... die Möglichkeiten eines Staates, auf internationaler Ebene allein und trotzdem wirkungsvoll tätig zu sein, würden kleiner... die Schweiz darf einen EG-Beitritt nicht zum vornherein ausschliessen» [*NZZ* 24.11.90].

Der gleiche Magistrat verstärkte die Position der EG mit der unhaltbaren Darlegung, "es gebe keine andere Möglichkeit", und bewies damit seine Bereitschaft zur Unterwürfigkeit, nicht ohne schon damals auf "einen unbefriedigenden EWR" hinzuweisen!

«Für die Schweiz und die anderen EFTA-Länder gibt es keine andere Möglichkeit als das EWR-Abkommen, das wir gegenwärtig aushandeln. Unter Umständen könnten wir zum Schluss kommen, dass unsere Interessen als voll mitentscheidendes Mitglied besser gewahrt werden als mit einem unbefriedigenden EWR» [*LNN* 26.11.90].

«Während die EFTA-Staaten von permanenten Ausnahmen zugunsten von befristeten abrücken, sei die EG im institutionellen Bereich nicht entgegengekommen. Die Schweiz und die EG sind gleichen Werten verpflichtet. Ein EG-Beitritt hätte freilich grössere Auswirkungen auf die politischen und wirtschaftlichen Verhältnisse in unserem Land als ein EWR. Anderseits brächte eine Mitgliedschaft Möglichkeiten zur Mitgestaltung und Mitentscheidung in der EG» [*NZZ* 26.11.90].

Bundesrat Jean-Pascal Delamuraz blies ins gleiche Horn. Er behauptete, bei einem Nein der Schweiz zum EWR wäre es ihr nicht mehr möglich, im gleichen Umfang wie bisher bilaterale Verträge abzuschliessen; die Türen für entsprechende Verhandlungen mit der EG blieben gesperrt. Delamuraz' gegenteilige Beteuerung sechs Monate vorher [*WW* 26.6.90] wegen bilateraler Abkommen galt schon nicht mehr. Der unstete Magistrat kam sogar zur sensationellen Feststellung, dass ein Nein zum EWR deshalb eine Satellisierung nach sich ziehen würde (sic!). Das im Bundeshaus gern verwendete Schlagwort von der "Satellisierung" benutzte BR Delamuraz aber fast gleichzeitig auch im umgekehrten Sinn (eben je nach Bedarf):

«Es bleibt dabei, dass die Efta ein Mitspracherecht bei den EWR-relevanten Entscheiden der EG verlangt, um eine Satellisierung zu verhindern» [*LNN* 7.12.90].

Anfang 1991 dürfte Bundesrat Jean-Pascal Delamuraz und seinen Spitzenbeamten klargeworden sein, dass die im Bundeshaus gepflegten EWR-Beurteilungen krasse Denkfehler waren und einer massiven Korrektur bedurften:

«Delamuraz gestand ein, dass aus heutiger Sicht ein allfälliger EWR-Vertragsentwurf erheblich hinter den ursprünglich gesetzten Zielen zurückbleiben dürfte. Insbesondere hätten sich die Hoffnungen auf Ausnahmen vom EG-Besitzstand oder befriedigende Übergangsfristen, auf eine gleichgewichtige Zusammenarbeit bei flankierenden Politiken, auf ein echtes Mitentscheidungsrecht und auf eine angemessene Beteiligung im Entscheidungsprozess von Komitees vorerst nicht erfüllt» [*NZZ* 2.3.91].

Immer noch unrealistisch (Aussage von BR Koller), stellte das Bundesratskollegium neu formulierte Ansprüche, die alle samt und sonders kläglich scheiterten:

«Delamuraz setzte alsdann mit einer Liste von Eckwerten einen Minimalrahmen für die Weiterführung glaubwürdiger EWR-Verhandlungen. Eingang in ein EWR-Vertragswerk zu finden habe das Evokations- und Initiativrecht, die Beteiligung an der Entscheidungsvorbereitung und bei der Durchführungs- und rechtsevolutiven Komitologie, Vorkehren zur koordinierten Inkraftsetzung von EWR- und EG-Beschlüssen, die Möglichkeit eines individuellen Abseitsstehens (opting out), ein Gerichtshof zur Wahrung der EWR-Rechtshomogenität sowie schliesslich allgemeine und spezifische Schutzklauseln, welche den Bedürfnissen der EFTA-Länder Rechnung tragen» [*NZZ* 2.3.91].

Was für BR Delamuraz im März 1991 noch "inakzeptabel" war, spielte ein Jahr später für ihn bei der EWR-Vertragsunterzeichnung (2.5.92) in Porto (P) überhaupt keine Rolle mehr:

«Es gehe darum, gemeinsame Entscheidungen treffen zu können. Delamuraz sprach sich für eine klare Haltung aus, die es erlauben werde, ein ausgewogenes Abkommen zwischen den beiden Seiten auszuhandeln. Nur so könne sich der EWR zu einem funktionierenden Organismus entwickeln. Inakzeptabel wäre für die Schweiz ein Vertragswerk, bei dem die beiden Seiten nicht zu gleichen Teilen mitreden könnten» [*LNN* 4.3.91].

Noch im April 1991 hielt der Bundesrat drei Verhandlungsziele mit der EG aufrecht, die sich alle samt und sonders als pure Halluzinationen der Magistraten erwiesen:

«Erstens erwartete er ein im Verhältnis von Pflichten und Rechten ausgewogenes Abkommen; zweitens rechnete der Bundesrat mit der gleichberechtigten Teilnahme der EFTA-Staaten an der Erarbeitung und Durchführung flankierender Politiken; und drittens forderte er, dass jeder EFTA-Staat eine Stimme haben müsste und die EFTA nicht nur mit einer Stimme sprechen könnte, weil sonst die Hoheitsrechte der einzelnen Staaten an eine analog der EG supranational auszubauende EFTA abgetreten werden müssten» [*NZZ* 19.4.91].

Im gleichen Zeitraum nahm Bundesrat René Felber zum Problem der Neutralität abermals positiv Stellung, eine Position, die er nach wenigen Monaten wieder aufgab:

«Gerade die Betonung von Neutralität und Subsidiaritätsprinzip könne zum Aufbau Europas beitragen. Er hatte dabei explizit auch eine gemeinsame europäische Aussenpolitik vor Augen und im Gegensatz dazu die Widersprüche und Schwächen der EG während der Golfkrise. Er wolle anderseits die Möglichkeit einer neuen militärischen Konfrontation nicht ausschliessen - eine Situation, in der die Neutralität ihren Wert behalte» [*NZZ* 19.4.91].

Der gleiche Bundesrat war über den Verhandlungsverlauf zum EWR-Vertrag erbittert und zog einmal die richtige Folgerung:

«Felber zeigte sich enttäuscht über den bisherigen Verlauf der EWR-Verhandlungen, die zunehmend an Substanz verloren hätten und ohne Teilnahme am Entscheidprozess zu einer Satellisierung der EFTA-Staaten führen könnten» [*LNN* 30.4.91].

Der Bundesrat trat am 10. Mai 1991 mit einer formellen Erklärung zum EWR-Thema an die Öffentlichkeit. Es hiess darin klipp und klar, falls die Verhandlungen nicht erfolgreich verliefen und "insbesondere die Institutionen des künftigen EWR-Vertrags nicht ausgewogen sein" sollten, werde die Landesregierung "diesen Vertrag nicht unterzeichnen und demzufolge die Ratifikation nicht vorschlagen". In der gleichen bundesrätlichen Erklärung war ebenfalls zu lesen, ein "möglicher EG-Beitritt" solle "nicht überhastet beantragt" werden [*NZZ*

17.1.92]. Ein knappes halbes Jahr später, nämlich am 23. Oktober, proklamierte der Bundesrat die EG-Mitgliedschaft als sein eigentliches europapolitisches Ziel! Die verbindliche Zusage Bundesrat Delamuraz' an sein Volk hintertrieb er kaum ein Jahr später mit der vorbehaltslosen Unterzeichnung am 2.5.1992 des EWR-Vertrags:

«Bestimmt werde der Bundesrat aber nur einen EWR-Vertrag unterschreiben, der die Gleichberechtigung der Vertragsparteien sicherstelle. Zu den unabdingbaren Voraussetzungen gehöre u.a. ein paritätisch zusammengesetzter EWR-Gerichtshof. Eine einseitige Rechtsprüfung des EWR-Vollzugs durch die Gemeinschaft sei für ein Land nicht akzeptabel, an dessen Ursprung das Nein gegen fremde Richter gestanden habe» [NZZ 11.5.91].

Während Bundesrat Adolf Ogi heute die Haltung Österreichs und Schwedens voll würdigt, meinte er noch 1991:

«Österreich und Schweden, die bereit sind, zu jedem Preis der EG beizutreten und die in den EWR-Verhandlungen nicht immer hilfreiche Partner waren, um es nicht deutlicher zu sagen» [NZZ 17.5.91].

Bundesrat Flavio Cotti muss heute, als voreingenommener EU-Missionar, daran erinnert werden, dass er im Mai 1991 an der Wiener Frühjahrstagung der EFTA-Länder erklärte:

«Die Eidgenossenschaft wird nur einem EWR-Vertrag zustimmen, in dem sowohl die Ausgewogenheit aller Interessen als auch das Gleichgewicht zwischen Rechten und Pflichten der Vertragsparteien zum Ausdruck kommen» [NZZ 25.5.91].

Von dieser Geisteshaltung ist beim heutigen Aussenminister nicht mehr viel übrig geblieben.

Bundesrat Adolf Ogi führte mit der EG harte Verhandlungen über einen Transitvertrag. Seine bitteren Erfahrungen mit den Brüsseler Bürokraten kleidete er in folgende Worte:

«Man muss das erlebt haben, wie an der EG-Ministertagung die Schweizer Verhandlungsdelegationen nur geholt werden, wenn die EG etwas von uns will, aber buchstäblich draussen vor der Tür bleiben, wenn die EG gesamteuropäische Interessen diskutiert und auch über uns entscheidet. Das muss man wirklich am eigenen Leib erfahren haben!» [*LNN* 25.10.91].

Ogi meinte zusätzlich, "die Tage der EG-Hochnäsigkeit sind gezählt", und der Bundesrat hielt in seiner Botschaft zum Bau der Neuen Eisenbahn-Alpentransversale NEAT im Mai 1990 fest:

«... ein befristeter und kontingentierter Strassenkorridor für schwere Lastwagen mit bis zu 40 Tonnen Gewicht ist nicht negoziabel.»

Am 18. Oktober 1991 genehmigte der Bundesrat dann das Transitabkommen, das Adolf Ogi mit der EG ausgehandelt hatte. Dieses Abkommen sieht, wie erst später bekannt wurde, ein stattliches Kontingent von Ausnahmen von der 28-Tonnen-Limite vor. Fünf Monate später überraschte Bundesrat Ogi und seine Amtskollegen Delamuraz und Felber die "Untertanen" mit der feierlichen Erklärung, ein EG-Beitritt müsste sofort beantragt werden!

Die Orientierungs- und Hilflosigkeit der beiden EG-trunkenen Bundesräte Delamuraz und Felber in der Europapolitik mögen drei ihrer weiteren Kommentare belegen:
(1) «Delamuraz und Felber zogen als Konklusion, dass der (EWR-) Vertrag in die richtige Richtung führe (sic!) und die Regierung ihn unterzeichnen möchte. Der Schweiz bleibe im Grunde keine andere Alternative» [*NZZ* 21.6.91].
(2) Im eidgenössischen Parlament zeigten sich im Sommer 1991 die beiden Bundesräte Delamuraz und Felber "tief überzeugt", dass ein EWR-Vertrag zustande kommt, "der die schweizerische Unterschrift verdient" (Delamuraz). Das Abkommen werde indessen "kein Werk mit Ewigkeitswert sein" (Felber). Bei einem schweizerischen Alleingang müsste das Land dagegen mit der "faktischen Satellisierung" rechnen.
(3) Die Bundesräte Felber und Delamuraz in Luxemburg (Juni 1991): Der EWR sei wegen der geringen EFTA-Mitspracheöglichkeiten "unausgewogen", weshalb er keine dauerhafte und eigenständige Alternative zur helvetischen EG-Vollmitgliedschaft darstelle.
Im Rahmen sonstiger internationaler Organisationen bezeugte Bundesrat René Felber hinreichend Verständnis für die Eigenständigkeit anderer Völker und manifestierte die besondere Sympathie der

Schweiz für das Selbstbestimmungsrecht kleiner Völker. Felber im Sommer 1991 anlässlich der KSZE-Sitzung:

«Wir haben grosse Sympathie für die kleinen Völker, die mit demokratischen Mitteln auf eine Bestätigung ihrer nationalen Identität hinarbeiten. In der Helsinki-Schlussakte und in der Charta von Paris ist das Prinzip des Selbstbestimmungsrechts festgeschrieben» [*NZZ* 2.7.91].

Anfang September 1991 präzisierte Bundesrat Flavio Cotti seine Gedanken zum EWR und zur EG, die er in seiner neuen Position als Aussenminister verleugnet:

«... wir müssen jenen misstrauen, die sich auf der Flucht nach vorn befinden. Viele von ihnen haben bis gestern Europa skeptisch oder gar ablehnend gegenübergestanden und blicken heute resigniert auf die entstehende Staatengemeinschaft, als stünde sie bereits schicksalshaft fest. Es geht aber um die unverzichtbare Entfaltung der Demokratie, um die Funktion der Parlamente, und es ist ein Kampf gegen alle vordemokratischen Erscheinungen und jede Form von Bürokratie; es geht um die Dezentralisierung und den Föderalismus, die Rechte der Kleinen und der Minderheiten» [*TA* 9.9.91].

Wenige Wochen später liess Cotti seine Zuhörer in Brügge (Belgien) wissen, dass ein dezentrales, föderalistisch gestaltetes Europa, welches kleine Einheiten, Minderheiten und Schwache respektiere, gefordert sei, was für eine Demokratie die wichtigsten Voraussetzungen darstellten. Die Rolle der Neutralität werde gegenwärtig wieder intensiv überdacht; sie behalte aber in seinem Urteil so lange ihren Sinn, bis in Europa eine solide Stabilität eingekehrt sei! [*NZZ* 24.9.91].

Anlässlich der Jubiläumsfeier in Bellinzona stellte Bundesrat Cotti die Frage in den Raum, wie es um die Unabhängigkeit einer Nation stehe, die in einem neuen Europa ihre Autonomie zu opfern habe! Vielleicht beantwortet ihm diese Frage der eine oder andere seiner Parteikollegen, welche in der EG die einzige Stütze erblicken, um unser Land vor dem Untergang zu retten. Es stünde Cotti auch nicht schlecht an, als Aussenminister die obigen Formulierungen zu wiederholen.

Nach der Einigung über den EWR-Vertrag am 22. Oktober 1991 erklärte der schweizerische Bundesrat, die Schweiz betrachte den

EWR bloss als Zwischenschritt: mittelfristig strebe man die helvetische Vollmitgliedschaft in der Brüsseler Gemeinschaft an. Begründet wurde diese noch vor 1-2 Jahren undenkbare Kehrtwendung der schweizerischen Europa-Politik mit der "Unausgewogenheit" des EWR-Vertrags.
Aber nicht nur Widersprüche, auch richtige Albernheiten verlauteten aus dem Bundeshaus:

«René Felber sieht im EWR-Vertrag alle wesentlichen Interessen gewahrt. Er betonte, dass im Rahmen des EWR die künftige Mitsprache auf vielfältige Weise gesichert sei (sic!) und weder das eidgenössische Parlament noch das Volk ausgeschaltet würden» [*LNN* 23.10.91].

Am gleichen Tag musste die inzwischen total desorientierte Bevölkerung lesen:

«Für die Landesregierung ist der EWR allerdings nur Zwischenstufe auf dem Weg zum EG-Beitritt. Die Bundesräte Delamuraz und Felber räumten ein, dass der Vertrag vor allem im institutionellen Bereich nicht das bringe, was sich die Schweiz urspünglich erhofft habe. Insbesondere in der Weiterentwicklung des Gemeinschafsrechtes haben die EFTA-Staaten kein volles Mitspracherecht (*gar keines!* d. A.), womit die Gleichheit der Vertragsparteien nicht gewährleistet ist. Mit der Verpflichtung der EFTA, gegenüber der EG mit nur einer Stimme zu sprechen, wird der Eidgenossenschaft, wie den anderen EFTA-Ländern auch, ein faktischer Souveranitätsverzicht zugemutet. Die Kommission ziehe zwar EFTA-Experten bei der Ausarbeitung von EWR-relevanten Gesetzen bei. Der Vertrag sehe ein Informations- und Konsultationsprozedere vor, ehe der EG-Rat ein solches Gesetz gutheisse. Jeder EFTA-Staat könne im Notfall einen EG-Beschluss mit Wirkung auf den EWR zurückweisen, allerdings mit kollektiven Folgen für alle EFTA-Partner. Eine Vielfalt von Fragen stellen sich für die Schweiz, von der nationalen Würde, die durch das Ungleichgewicht von Rechten und Pflichten tangiert sein könnte, über Neutralität und Föderalismus bis hin zur Landwirtschaft und zum Gewerbe, das um die öffentlichen Aufträge bangen mag» [*NZZ* 23.10.91].

Wahrscheinlich unter dem Druck objektiver Beobachter forderte Bundesrat Jean-Pascal Delamuraz Ende Oktober 1991 die EG-Elite auf, "den künftigen Beziehungen zu den EFTA-Staaten nicht bloss vierte Priorität einzuräumen." Ausserdem hielt er es "nicht für klug, wenn die EG spezifische Merkmale der EFTA-Staaten mit der Dampfwalze nivellieren wolle".

Eine Woche nach den Parlamentswahlen vom Oktober 1991 hat Bundesrat Arnold Koller über das Fernsehen DRS der Bevölkerung bestätigt, dass wir unser Recht dem EWR-Vertrag anzupassen hätten, 60 Gesetze ändern, auf das Referendumsrecht in vielen Fällen verzichten müssten und in einem Kraftakt 1'400 neue Gesetze zu übernehmen verpflichtet wären. Zu dieser zu übernehmenden Gesetzesflut (17 Bundesordner voll mit über 12'000 Textseiten) stand der Schweiz keinerlei Mitbestimmungsrecht zu. Sie wäre uns von der EG ganz einfach aufoktroyiert worden, ein jeder Diktatur würdiger Akt. Dieser Tatbestand müsste dem Justizminister eigentlich im höchsten Masse zuwider gewesen sein, denn noch im Juni 1990 äusserte er sich an der EFTA-Konferenz in Göteborg ganz eindeutig. Die Mitbestimmungsfrage in den EWR-Verhandlungen habe für die Schweiz prioritäre Bedeutung:

«Meines Erachtens lassen sich alle wesentlichen Probleme auf die Grundsatzfrage zurückführen, wie im Europäischen Wirtschaftsraum die Gleichheit der Rechte und Pflichten der Vertragspartner verwirklicht wird.»

Schon im März 1991 war Bundesrat Koller klar, dass nicht nur rund 60 Erlasse des Bundes, sondern eine grosse Zahl kantonaler Gesetze und Verordnungen den EWR-Bestimmungen hätten angepasst werden müssen. Zur Bewältigung dieses gigantischen Anpassungs- (sprich Gleichschaltungs-) Aktes seien elf Arbeitsgruppen erforderlich, und eine Koordinationskommission müsste die Arbeit überwachen.

Nach Abschluss der EWR-Verhandlungen versuchte der Spitzenjurist im Oktober 1991, die aufgebrachten Mitbürger zu beruhigen: wir dürften die Integration nicht an der derzeitigen Europäischen Gemeinschaft messen. Sie habe beim Alpentransitproblem ihre Anpassungsfähigkeit bewiesen und "es sei möglich" (!), dass sie sich künftig in Richtung Föderalismus und Demokratie entwickle. Bundesrat Koller wird erlauben, dass wir seine offenbar für sein Fangnetz bestimmten Worte anzweifeln, ja mit Grund widersprechen. Die EG hat im Alpentransitproblem nicht deshalb nachgegeben, weil sie "anpassungsfähig" wäre - was sie ganz einfach nicht ist - sondern weil Bundesrat Adolf Ogi genügend, von der Volksmeinung spürbar verstärktes Rückgrat hatte und die Forderungen der Zwölfer-Gemeinschaft ganz einfach strikte ablehnte. Andererseits stünde die EG ohne unsere massive Mitarbeit an der Schaffung der von ihr dringend benötigten guten und ausreichenden Verkehrswege vor unüberwindbaren Entwicklungshemmnissen. Handfeste Eigeninteressen haben somit Brüssel gezwungen, einzurenken und nachzugeben. Jede andere Interpretation ist eine Irreführung. Alle weiteren Verlautbarungen und Verordnungen aus der EG-Zentrale weisen zweifelsfrei darauf hin, dass sie sich immer weiter von Föderalismus und Demokratie entfernt.

Will man sich auf die Worte von Bundesrat Adolf Ogi verlassen, muss man auch ihn als EWR- und EU-Befürworter klassifizieren:

«Ich sage ja zum EWR und ja zur EG. Der EWR-Vertrag ist bloss ein Trainingslager, um danach im Rahmen einer EG-Mitgliedschaft volles Mitsprache- und Mitentscheidungsrecht zu erhalten» [SI 28.10.91].

Noch im gleichen Monat versuchte Bundesrat Koller jenen Fachleuten zu widersprechen, welche im EWR-Vertrag eine Satellisierung unseres Landes erblickten. Der EWR zwinge die Vertragsparteien nicht, einem EWR-Organ Gesetzgebungsbefugnisse abzutreten (auf Seite I/64 der Botschaft des Bundesrates vom 18.5.92 ist zu lesen: «Das EWR-Abkommen wird jedoch im Vergleich zu anderen Abkommen, die wir abgeschlossen haben, umfangreichere Beschränkungen unserer Autonomie nach sich ziehen»), und wer keine Souveränitätsrechte abtrete, könne auch nicht satellisiert werden. Eine solche Erklärung aus dem Mund eines juristisch gebildeten Magistraten ist mit Rücksicht auf den tatsächlichen Sachverhalt mehr als abwegig. So weit bekannt, hat kein Kritiker je von EWR-Organen gesprochen. Getadelt wurde vielmehr der von Brüssel erzwungene Mitbestimmungsverzicht gegenüber der EG-Kommission und dem EG-Ministerrat, also gegenüber jenen Organen, die als alleinige Exekutive bzw. Legislative der Zwölfer-Gemeinschaft ein Teileuropa zu beherrschen versuchen. Und ein Staat, der gemäss Bundesrat Koller 60 Gesetze ändern, in vielen Fällen auf das traditionelle Referendumsrecht verzichten muss und widerspruchslos 1'400 neue, ohne Mitentscheidungsrecht entstandene Gesetze und weitere kommende Verordnungen ohne eigenes Dazutun auf ausländischen Druck hin übernehmen muss, entsagt grundlegenden Souveränitätsrechten und wird satellisiert. Unser Justizminister meinte dagegen, der Anpassungsdruck durch die Übernahme des Gemeinschaftsrechts bedeute keine Belastung, sondern sei eine einmalige Chance (sic!) zur Erneuerung von verkrusteten und wettbewerbsentwöhnten Strukturen (*NZZ* 30.10.91)! Dass ein Justizminister derartigen Unsinn von sich geben kann, ist kaum mehr zu qualifizieren.

Bundesrat René Felber meinte wenig später, "... bevor der Bundesrat ein Beitrittsgesuch einreicht, will er einen klaren Willen des Volkes zum EG-Beitritt spüren, doch dieser Wille ist bisher nicht auszumachen" [*NZZ* 8.11.91]. Kaum sechs Monate später muss Felber diesen "klaren Willen des Volkes" doch wahrgenommen haben, denn bereits im Mai 1992 unterschrieb er das EG-Beitritts-Gesuch!

In der Wochenschrift *Bilanz* (11/91) erschien im November 1991, also nach dem Abschluss der EWR-Verhandlungen, ein Interview mit Bundesrat Flavio Cotti, in welchem ganz neue Töne erklangen:

«Der Bundesrat hat schon lange jeden Alleingang in der Europafrage ausgeschlossen. Der Bundesrat vertritt die Auffassung, der EWR sei ein erster und realistischer Schritt nach Europa... Ich stellte nur fest, der EWR habe an Attraktivität verloren. Andere Bundesräte erklärten schon vor mir mit Recht, der EWR werde die hohen Erwartungen nicht erfüllen, die der Bundesrat 1989 in ihn gesetzt hatte. Die Verhandlungen über den EWR zeigten recht bald, dass unsere Hoffnungen nur teilweise realisierbar sein würden. Das hätte man schon früher feststellen können ...»

In den Wandelgängen des Bundeshauses vollziehen sich eigenartige Wandlungen. Immerhin dürfte Bundesrat Cotti mit der Feststellung recht haben, "man hätte schon früher feststellen können, dass unsere Hoffnungen nur teilweise realisierbar" seien. Unsere Behördemitglieder müssen übersehen haben, dass der EG-Ministerrat bereits im Jahr 1988, also noch lange bevor die Schweiz mit Brüssel in Verhandlungen getreten war, definitiv entschieden hatte, EG-Nichtmitgliedern stünden im EWR keinerlei Mitentscheidungsrechte weder jetzt noch in Zukunft zu. Es wäre den offiziellen Sprechern ausserdem zumutbar gewesen, schon damals auf die unbefriedigende Verhandlungsentwicklung hinzuweisen, statt mit positiven Kommentaren und Beteuerungen dem Schweizervolk die Wahrheit vorzuenthalten. Dass der Bundesrat "schon lange" jeden Alleingang in der Europafrage ausgeschlossen habe, dürfte für die Mehrzahl der Mitbürger ebenfalls ein Novum gewesen sein. Wie unkritisch Bundesrat Jean-Pascal Delamuraz das EG-Geschehen würdigt und beurteilt, zeigt seine groteske Erklärung im Anschluss an das Gipfeltreffen in Maastricht, dessen Konsequenzen von allen eingeweihten Beobachtern als katastrophal bezeichnet wurden und werden:

«Die Ereignisse des Maastrichter Gipfels stellen aus Schweizer Sicht einen Erfolg dar. Die EG ist nach ihrem historischen Gipfel in Maastricht stärker als zuvor» [*LNN* 12.12.91].

Während in der Abstimmungskampagne 1992 die Bundesräte Felber, Delamuraz und Koller, unterstützt vom Grossteil der Massenmedien, vieler Verbände, Gewerkschaften und der Mehrheit der Parlamentarier den Stimmbürger glauben machen wollten, der EWR habe mit einem möglichen EG-Beitritt gar nichts zu tun und sei eine absolut selbständige, dauerhafte Wirtschaftsgemeinschaft, erklärte Bundesrat Felber *Cash* gegenüber:

«*Cash*: Der EuGH (EG-Gerichtshof) hat das vereinbarte gemeinsame Gericht den EWR betreffend abgelehnt. Felber: Da der EWR-Vertrag nur eine Etappe auf dem Weg zur Vollmitgliedschaft in der EG ist, spielt diese Frage keine zentrale Rolle... würde uns gestatten, während dieser Zeit von den Vorteilen eines gemeinsamen Marktes zu profitieren. Aus Rücksicht auf die Würde der Schweiz würde ich aber fremde Richter nicht akzeptieren. Eine Lösung sähe ich im Sinne eines vom EG-Gerichtshof völlig getrennten Gerichts. Wenn der EWR-Vertrag scheitert, müssen wir zweifellos den EG-Beitritt suchen. Wenn ich mit diesem Ziel scheitern sollte, würde ich zurücktreten... Die Beschlüsse von Maastricht haben uns die Sache vereinfacht und unseren Beitritt begünstigt (!!). Es wurde ganz klar festgelegt, dass Europa eine föderalistische Gemeinschaft sein soll. Das Prinzip der Subsidiarität wurde beschlossen. Und die Kompetenzen des EG-Parlaments wurden ausgedehnt. Das sind für mich entscheidende Fortschritte. Was ändert, sind bloss die Bezeichnungen. Ich habe keine Angst vor solchen Veränderungen. Wir können uns doch nicht einbilden, wir seien reich, nur weil wir Franken statt ECU im Sack haben. Die Länder der EG teilen die gleichen Grundprinzipien wie wir; die pluralistische Demokratie, den Rechtsstaat, die Achtung der Menschenrechte und der Minderheiten» [*Cash* 31.12.91].

Schon Ende 1991 drohte Bundesrat Felber mit seinem Rücktritt für den Fall, dass die Stimmbürger die EWR-Vorlage ablehnten [*LNN* 31.12.91]. Diesem Versprechen ist er aus gesundheitlichen Gründen dann auch nachgekommen, ohne dass seine Tat Auswirkungen auf andere Persönlichkeiten gehabt hätte.

Nach Bundesrat Arnold Koller sollten die Gesetzesänderungen zur Anpassung des schweizerischen Rechts an das EWR-Recht dem fakultativen Referendum entzogen werden. Damit wäre die direkte Demokratie - das fakultative Referendum - für die im Moment des Inkrafttretens des EWR-Vertrages notwendige Rechtsanpassung ausgeschaltet worden [*NZZ* 7.2.92]. Demokratiebewusster Bundesrat!

Im Februar 1992 betätigte sich Bundesrat Koller im Westminsterpalast in London anscheinend als gewiegter Opportunist, denn dort äusserte er sich über

«... den Stolz auf die jahrhundertealte Souveränität als eine charakteristische britisch-schweizerische Gemeinsamkeit. Die demokratischen Institutionen unseres Landes machten allzu leichtfertige Bekenntnisse zu internationalen und supranationalen Institutionen undenkbar» [*NZZ* 22.2.92].

Der Botschaft des Bundesrates vom 18.5.1992 ist zweifelsfrei zu entnehmen, dass die EWR-Propagandisten aller Schattierungen das Stimmvolk systematisch zu täuschen versuchten, indem sie immer wieder und bei jeder Gelegenheit den unmittelbaren Zusammenhang des EWR-Vertrags mit dem EG-Beitritt verneinten:

Seite I/52: «Der EWR kann nicht nur für sich allein beurteilt, sondern muss hinsichtlich seiner Stellung innerhalb des gesamteuropäischen Rahmens gesehen werden, und überdies auch hinsichtlich der anderen Alternativen der Integrationspolitik, nämlich der EG-Beitritt, welcher das Ziel unserer Integrationspolitik bildet.»

Seite I/52 und I/59: «Es gilt, den EWR auch im zeitlichen Rahmen im Zusammenhang mit der Zielsetzung eines künftigen Beitritts der Schweiz zur EG zu würdigen. Dieses neue Ziel der Integrationspolitik, für das sich der Bundesrat im Oktober 1991 entschieden hatte, wird im Bericht über einen Beitritt der Schweiz zur Europäischen Gemeinschaft, den wir Ihnen gleichzeitig mit dieser Botschaft unterbreiten, analysiert. Unsere Teilnahme am EWR kann nicht mehr als letztes Wort in unserer Integrationspolitik gelten. Sie ist im Rahmen einer Europastrategie zu sehen, die in zwei Phasen ablaufen soll und den vollumfänglichen Beitritt der Schweiz zur EG zum Ziel hat. So stellt sich unsere Beteiligung am EWR heute als Etappe dar, die uns dem Beitrittsziel näher bringt. Um alle Auswirkungen dieser Strategie richtig zu gewichten, ist festzuhalten, dass wir das Ziel eines Beitritts zur EG als autonomes Ziel betrachten.»

Seite I/60: «Eine erste Konsequenz besteht darin, dass zum Hauptgrund für unsere Beteiligung am EWR, nämlich dem Zugang zum Binnenmarkt ab 1993, ein weiterer Grund hinzukommt, nämlich die Vorbereitung eines späteren Beitritts zur EG.»

Seite I/61: «Wir beabsichtigen nicht, es bei einer beschränkten europäischen Integrationspolitik bewenden zu lassen, die sich im wesentlichen auf deren wirtschaftliche Komponente beschränkt und kein Mit-Entscheidungsrecht umfasst.»

Seite I/64: «Das EWR-Abkommen wird jedoch im Vergleich zu anderen Abkommen, die wir abgeschlossen haben, umfangreichere Beschränkungen unserer Autonomie nach sich ziehen.»

Wie verlogen in der EWR/EG-Problematik argumentiert wurde, beweist der vorhergehende Satz, worin vom Bundesrat deutlich bestätigt wird, dass das EWR-Abkommen "umfangreiche Beschränkungen unserer Autonomie" zur Folge hätte (*und erst ein EU-Beitritt?!* d. A.), ein Tatbestand, der von den Anschlusspolitikern systematisch, unverantwortlich und wider besseres Wissen bestritten wurde.

Im Juni 1992 hatte sich der Bundesrat anlässlich einer stürmischen Debatte im Nationalrat verpflichtet, auf jede Propaganda für den EWR zu verzichten. Trotzdem erlaubte sich Aussenminister René Felber in seiner 1.-August-Ansprache an die Auslandschweizer diese aufzufordern:

«Sie können Ihre Solidarität beweisen, indem Sie ein überzeugtes Ja einlegen und erinnerte daran, dass der Bundesrat der Meinung ist, dass unser Land dem EWR und später auch der EG beitreten müsse.»

Viele Auslandschweizer waren über eine solche Aufforderung verärgert, und im Bundeshaus trafen Massen von Protestbriefen ein, denn für die Auslandschweizer ist die Würde des Nationalfeiertags einfach nicht mit Propaganda und Stimmenfang vereinbar, selbst wenn es der Bundespräsident ist, der die Angel auswirft. Im Namen des Departements EDA sah sich ein Christian Meuwly veranlasst, die Klagen mit lächerlichen Behauptungen zurückzuweisen:

«Wir weisen den Ausdruck Propaganda in aller Form zurück. Eine 1.-August-Rede kann Ausdruck einer persönlichen politischen Vision sein. Eine solche Ansprache muss nicht den objektiven und sachlichen Charakter der Informationen haben, wie sie das Integrationsbüro liefert» (*liefern sollte*, d. A.) [*AT* 22.7.92].

Im August 1992 behauptete Bundesrat Delamuraz, "ein Nein zum EWR wird eine Satellisierung nach sich ziehen" [*NZZ* 12.8.92]. Natürlich konkretisierte er diese leichtfertige und sachwidrige Erklärung mit keinem Wort. Auch seine lächerliche Behauptung in Schaffhausen, ein Nichtbeitritt zum EWR brächte uns eine Arbeitslosenquote von 20% (sie liegt heute für Schweizer unter 3%!), "ein EWR-Nein macht jeden 5. Schweizer arbeitslos", kann nur ein Wirtschaftslaie sich leisten.

Noch verwunderlicher waren die Worte von Aussenminister Felber, "niemand weiss heute schon, wohin sich Europa entwickeln wird" [*SI* 17.8.92]. Da muss man sich nun fragen, wie ein verantwortungsbewusstes Regierungsmitglied sein Land in eine Institution zwängen will, deren Weg und Ziel ihm noch unbekannt sind und unbekannt bleiben werden.

Die Stimmbürger liessen sich trotz ungeheuren Aufwands von Bundesrat und EWR-Befürwortern nicht manipulieren und gängeln und schickten am Klaustag 1992 den EWR-Vertrag mit Stimmen- und Ständemehr bachab.

Dies liess Bundesrat Delamuraz in ein wein-e(h)rliches Gejammer ausbrechen, wie es dies auf Magistratshöhe wohl noch nie gegeben hat.

Der Staatssekretär als Defätist

Nach den Lexiken zu urteilen ist ein Defätist ein Nörgler oder Miesmacher, der wegen seiner Resignation die eigene Sache für aussichtslos hält. Er erwartet die Niederlage, nicht den Erfolg. Ob diese einleitende Umschreibung im Fall des EWR-Chefdelegierten Dr. Franz Blankart zutrifft, kann der Leser nach der Lektüre dieses Kapitels bestimmt leicht selbst entscheiden.

An einem Vortrag vor der Europa-Union in Luzern am 13.12.1986 [*LNN* 14.12.86] gab es für Franz Blankart noch acht wichtige Gründe

(die er später als Chefdelegierter offensichtlich ganz vergessen hat) für eine Distanzierung von der EG:
«1. Verringerung der parlamentarischen Befugnisse;
2. Verringerung der direkten Demokratie;
3. Verringerung der Befugnisse des Bundesgerichts;
4. Einschränkung des Föderalismus;
5. Die schweizerische Landwirtschaftspolitik;
6. Freizügigkeit der Arbeitskräfte;
7. Einschränkung der Vertragsabschluss-Befugnis;
8. Relativierung der Neutralitätspolitik.»

Im Jahr 1990 ernannte der Bundesrat den Staatssekretär Dr. Franz Blankart (der noch nie aktiv am Wirtschaftsgeschehen teilgenommen hat) zum Chefdelegierten für die EWR-Verhandlungen mit der EG in Brüssel, und er wurde damit neben den Bundesräten Jean-Pascal Delamuraz und René Felber zur wichtigsten Persönlichkeit im EG/EWR-Seilziehen. Bereits 1988 demonstrierte er in einem Vortrag in Basel seine Land und Volk herabwürdigende und später wiederholt offengelegte Geistesverfassung.

«Ich werde das Gefühl nicht los, dass uns der EG-Binnenmarkt vor allem deshalb beunruhigt, weil er uns aus dem kartellisierten Komfort unserer selbstverschuldeten Isolierung wecken könnte, um uns daran zu erinnern, dass der Fortschritt vom Wettbewerb abhängt. Wir sind es doch selbst, die uns in Bereichen ausserhalb Industrie und Handel seit Jahren marginalisiert haben: Mit dem törichten Dialektfimmel, durch den die Deutschschweizer den kulturellen Graben im Innern aufreissen und gegenüber der deutschen Kultur zu Fremdlingen werden, mit allen möglichen Kartellen im Dienstleistungsbereich, mit Alleingängen im Umweltschutz, mit der kollektiven Schuld der Schwerverkehrsabgabe, mit gewissen Normen - z.B. für Installationen und Küchenmöbel -, mit der universitären Inzucht, mit der teils systematisch betriebenen, teils selbstverschuldeten Dekadenz der echten Autorität, mit dem Inländerprotektionismus auf dem Arbeitsmarkt, mit Teilen unserer Landwirtschaftspolitik, mit dem angeblich volksnahen Mittelmass der intellektuellen Anspruchslosigkeit gewisser Medien...».

Leider verriet der studierte Philosoph dem Publikum nicht, in welchem Land der EG wir Positiveres lernen könnten, wo erfreulichere, nachahmenswerte Zustände herrschen. Doch kaum im Amt, jubelte der EWR-Chefdelegierte der Schweiz vor den Abgeordneten des VSM (Verein Schweizer Maschinenindustrieller) und ASM: "Diese Chance (EWR-Beitritt) bietet sich nur einmal."(!) Seine weiteren Ausführungen beweisen von Anfang an, dass dieser Wirtschaftsdilettant von einem Irrtum in den andern wanderte, Denkfehler nach Denkfehler offenlegte:

«Der Beitritt zum EWR würde die Schweiz zu einem gleichberechtigten, nicht mehr diskriminierten Mitglied des gesamteuropäischen, von EG und EFTA gebildeten Raumes machen» [*TA* 23.6.90].

Als der Realität und dem ausgehandelten EWR-Vertrag total widersprechendes Gerede sind auch seine weiteren Kommentare zu qualifizieren:

«Dabei ist es eigentlich selbstverständlich, dass nicht um jeden Preis ein Abkommen unterzeichnet wird. Eine EWR-Vereinbarung muss für ihre politische Akzeptanz drei kumulativ wirkende Bedingungen erfüllen: ... einen möglichst hohen Integrationsgrad im einheitlichen europäischen Markt zu gewährleisten. Zweitens muss die Schweiz ihre Interessen wirksam vertreten können und das Recht zu einer vollwertigen Teilnahme am EWR-Entscheidungsprozess erhalten. Und drittens muss ein Vertragswerk der Schweiz erlauben, den Kern hiesiger Besonderheiten zu bewahren. Ein EWR-Vertragswerk ohne diese drei Elemente verlöre seine Attraktivität. Die Schweiz kann das EG-Recht über den freien Personenverkehr, das im wesentlichen alle auf nationalen Kriterien beruhenden Diskriminierungen abschafft, aus politischen, sozialen und gesellschaftlichen Gründen nicht vollständig übernehmen» [*NZZ* 27.6.90].

Wie die kurze EWR-Verhandlungsgeschichte zeigt, irrte sich Blankart in allen drei zitierten Punkten total. Darüber können auch seine defätistischen Bemerkungen nicht hinwegtäuschen:

«Ich verheimliche nicht, dass mir eine gewisse Tendenz zum Gigantismus Sorge bereitet. Aber es besteht kein Zweifel, dass wir heute vor Problemen stehen, die wir nicht mehr alleine lösen können. Die Schweiz hat verlernt, allein zu sein. Und da die Schweizer verlernt haben, Einsamkeit zu ertragen, würden sie sich an Banalitäten intern zerfleischen» [*TA* 31.7.90].

Unter dem Druck der Tatsachen blieb Franz Blankart nichts anderes übrig, als ab und zu gewisse Schlüsse zu ziehen, welche die rücksichtlose Taktik der EG-Gewaltigen offenlegte:

«Während nämlich die EG auf der integralen Erhaltung ihrer Rechtsetzungsautonomie beharrt, sind die EFTA-Staaten zur Auffassung gelangt, dass die daraus resultierende Aushöhlung ihrer Mitbestimmungsbefugnisse unter dem Titel der politischen Akzeptanz untragbar ist» [NZZ 1.9.90].

Doch die Blankart-Irrtümer vermehren sich:

«Die EFTA ist bereit, ihre Ausnahmewünsche weiter zu reduzieren. In gewissen vitalen Bereichen wie der Freizügigkeit, dem Immobilienerwerb und den Direktinvestitionen sind jedoch Abweichungen erforderlich» [NZZ 22.9.90].

Trotz der der EG vorgelegten Ausnahmewünsche, Dutzende von Seiten umfassend, welche die EWR-Verhandlungen schnell zu Makulatur werden liessen, kümmerten sich die EG-Beauftragten um keinerlei ausgewogene Lösungen. Da mochte unser EWR-Philosoph noch so begründete Argumente vortragen:

«Franz Blankart setzte sich am 5. EG/EFTA-Parlamentarier-Treffen erneut mit Nachdruck für ein volles Mitspracherecht der sechs EFTA-Staaten und Liechtenstein im künftigen Europäischen Wirtschaftsraum ein. Der grosse Markt, müsse auf Partnerschaft und Gleichberechtigung aller Beteiligten beruhen, forderte der schweizerische Staatssekretär... Sie (die Schweiz) wolle lediglich an der Ausarbeitung der Gesetze im künftigen EWR beteiligt werden» [LNN 8.11.90].

«Franz Blankart hat gestern erläutert, unter welchen Bedingungen die Efta-Staaten zum Verzicht auf unbefristete Sonderregelungn im EWR bereit sind... unterstrich Blankart im Namen der Efta, dass im Gegenzug ein stärkeres Entgegenkommen der EG in der Frage des Efta-Mitspracherechts im EWR erwartet werde» [LNN 22.11.90].

Obwohl es offensichtlich die EG-Kommissare waren, welche die Bogen überspannten, setzte Franz Blankart sein Land wieder einmal auf die Anklagebank:

«Nicht zu verantworten wäre allerdings ein zu hoher Preis für rein wirtschaftliche Ziele... Für Blankart ist es der innere Schwächezustand der Schweiz, der den Anschluss an die Europa-Zentrale unvermeidlich erscheinen lässt. Weil wir die Fähigkeit, eine Willensnation zu sein, verloren haben, sind wir nicht mehr imstande, allein zu stehen, aus innerer Schwäche heraus suchen wir Anlehnung. Weil die Schweiz sich nicht mehr zutraue, sich den Wind um die Nase wehen zu lassen, sei die Versuchung nach der wohligen Wärme des Brüsseler Stalles gross geworden» [*Panoptikum* 12/90].

Nach seinem totalen Fiasko in Brüssel entstellte Blankart die Situation:

«Zieht man Bilanz, so neige ich zum Schluss, dass sich das Bild genügend ins Positive verändert hat, um den Vertrag, der in die richtige Richtung führt, zum Abschluss zu bringen. Der EWR stellt die optimale Vorbereitung zum Beitritt dar, falls letzterer als wünschenswert erachtet werden sollte.»

Nach seinem "Marignano" in Brüssel und den bereits sichtbaren Verhandlungs-Misserfolgen vorgreifend, erlaubte sich Blankart die Verantwortung dafür auf die breiten Schultern der Schweiz abzuladen:

«Die Schweiz kann nach den Worten von Staatssekretär Blankart einen Alleingang in Europa weder politisch noch wirtschaftlich erfolgreich bestehen... der EWR stellte die optimale Vorbereitung für den Beitritt zur EG dar... dass wir möglicherweise politisch, mit unseren Institutionen, gar nicht fähig sind, der mit einem Alleingang verbundenen Herausforderung erfolgreich zu begegnen» [*LNN* 9.4.91].

«Der EWR stelle die optimale Vorbereitung zum Beitritt dar, falls dieser als wünschenswert erachtet werde, erklärte er... Jedenfalls sieht er im EWR eine unwahrscheinliche Chance und das beste Geschenk (sic!), das wir unserem Land zum 700-Jahr-Jubiläum machen können. Blankart sagte gar, wir müssten eines Tages froh sein, überhaupt noch EG-Bürger als Arbeitskräfte gewinnen zu können» [*NZZ* 1.6.91].

Inzwischen hatten die EWR-Verhandlungen das totale Versagen unserer EWR-Delegierten aufgezeigt; alle Ansprüche der Schweiz und der EFTA auf ausgewogene Entscheide wurden von Brüssel rücksichtslos abgelehnt, was in den Worten von Delegationschef Franz Blankart so tönte:

«Mit einem EWR-Vertrag hätte die Schweiz einen grösseren Teil der Beitrittsverhandlungen zur EG bereits unter Dach gebracht. Staatssekretär Franz Blankart erklärte in Bern, das Bild der EWR-Verhandlungen habe sich genügend zum Positiven gewandelt, um den Vertrag zu unterschreiben... Er machte kein Hehl daraus, dass der EG-Beitritt für die Schweiz unausweichlich sein werde» [*LNN* 1.6.91].

«Blankart... wir sind Einzelgänger, die es verlernt haben, die Einsamkeit zu ertragen, und wir haben Schwierigkeiten zuzugeben, dass es die Schweiz ist, die sich der Gemeinschaft annähert, und nicht umgekehrt, woraus sich wesensnotwendig eine gewisse Ungleichheit der Behandlung ergibt...» [*LNN* 29.6.91].

«Ein Nein am 6. Dezember hinterliesse ein innerlich tief gespaltenes Land, wachsende Arbeitslosigkeit, eine leere Bundeskasse und internationale Isolierung, eine Schweiz, die in der Banalität verkommt, ein Zustand, für den kein heutiger Politiker die Verantwortung wird tragen wollen» [*BaZ* 28.8.92].

«Verschliesst sich die Schweiz Europa, dann wird ihr Föderalismus nach Ansicht von Staatssekretär Blankart verkommen» [*NZZ* 10.9.91].

Eine der wichtigsten Säulen im EWR-Gebäude wäre zweifelsfrei das Mitbestimmungsrecht in der EWR-Rechtsetzung gewesen; es wurde von Brüssel klar abgelehnt. Unsere Spitzenfunktionäre haben lange Zeit durch überoptimistische Erklärungen unrealistische Erwartungen in der helvetischen Öffentlichkeit geweckt.

Staatssekretär Franz Blankart war ein Musterbeispiel für unrealistische Behauptungen. Er hielt sich in anderer Hinsicht allwissend, denn über die Entwicklung der EG äusserte er sich im Schweizer Fernsehen im Oktober 1991:

«Im Jahr 1996 wird die EG von Algarve bis Brest-Litowsk und vom Nordkap bis Malta reichen.»

Einem Grossauftritt von Staatssekretär Franz Blankart am 12. September 1992 im Grossen Rat zu Basel wollen wir uns etwas ausführlicher widmen, denn was vom ihm dort zu hören war, belegt zweifelsfrei die ausgeprägte Fähigkeit Blankarts in Sophismus, erlogenen Argumenten und Miesmacherei.
Unser Chefdelegierte behauptete dort u.a.:

«Die Rechte von Parlament und Volk werden bei der Weiterentwicklung des EWR nicht geschmälert, da die EWR-Beschlüsse, wie Staatsverträge, der Genehmigung von Parlament und gegebenenfalls des Volkes bedürfen. Sie finden das im Art. 102, Abs. 3.»

Dieser von Franz Blankart als "Beweis" zitierte Artikel 102, Abs. 3 des EWR-Abkommens vom 2.5.1992 lautet wörtlich:

«Die Vertragsparteien setzen alles daran, in Fragen, die dieses Abkommen berühren, Einvernehmen zu erzielen. Der Gemeinsame EWR-Ausschuss setzt insbesondere alles daran, eine für beide Seiten annehmbare Lösung zu finden, wenn sich in einem Bereich, der in den EFTA-Staaten in die Zuständigkeit des Gesetzgebers fällt, ein ernstes Problem ergibt.»

Es ist ganz offensichtlich, dass der zitierte Artikel kein Wort davon enthält, dass das nationale Parlament oder gar das Volk mitentscheiden könnte. Abgesehen davon sind EWR-Beschlüsse keine Staatsverträge, Herr Blankart.
Franz Blankart ging anlässlich seiner Ausführungen im Grossen Rat offenbar davon aus, dass seine Zuhörer die Materie der EWR-Problematik kaum beherrschen. Anders ist nicht zu erklären, wie er mit weiteren Verdrehungen und Unwahrheiten argumentieren konnte:

«Unsere Experten sind bei seiner Ausarbeitung (gemeint EWR-Recht) gleichberechtigt dabei (*was nicht stimmt; sie könnten zwar angehört werden, wären aber bei der Beschlussfassung - und nur darauf kommt es an - ausgeschlossen!* d. A.). Machen wir nicht mit, beginnt eine Verhandlung, um eine andere Lösung zu erarbeiten. Führt die Verhandlung zu keinem Resultat, kommen Schutzklauseln, und in letzter Konsequenz, die Teilkündigung, Suspension genannt, zur Anwendung. Wenn wir uns nicht einigen können, fallen wir folglich im betreffenden Bereich letzlich in den Alleingang, das heisst in das Sicherheitsnetz der bestehenden Verträge zurück. Diese ganz entschiedende Lösung, Art. 102, Abs. 4, kam erst ganz am Schluss auf schweizerisches Drängen zustande.»

Blankarts "ganz entschiedene Lösung" gibt es aber gar nicht, denn der von ihm wider besseres Wissens zitierte Art. 102, Abs. 4, lautet:

«Kann trotz Anwendung des Absatzes 3 kein Einvernehmen über eine Änderung eines Anhanges zu diesem Abkommen erzielt werden, so prüft der Gemeinsame EWR-Ausschuss (*siehe anschliessend*) alle sonstigen Möglichkeiten, das gute Funktionieren dieses Abkommens aufrechtzuerhalten; zu diesem Zweck kann er die erforderlichen Beschlüsse fassen, einschliesslich der Möglichkeit der Anerkennung der Gleichwertigkeit der Rechtsvorschriften. Ein solcher Beschluss wird bis zum Ablauf der Frist von sechs Monaten ab der Befassung des Gemeinsamen EWR-Ausschusses oder bis zum Inkrafttreten der entsprechenden Gemeinschaftsvorschriften gefasst, falls dieser Zeitpunkt später liegt.»

In totaler Missachtung der Sachlage triumphierte Franz Blankart dann weiter:

«Bei Konflikten besteht ein diplomatisches Schlichtungsverfahren, ein EFTA-Gericht und ein EFTA/EG-Schiedsverfahren; eine in den letzten Verhandlungsnächten ausgehandelte, ausgewogene Lösung ohne fremde Richter - ohne fremde Richter!»

Zur Verdeutlichung Blankartscher Irreführung haben wir vorab den erwähnten "Gemeinsamen EWR-Ausschuss" zu erläutern. Nach Art. 92, Abs. 1 des EWR-Abkommens:

«Es wird ein Gemeinsamer EWR-Ausschuss eingesetzt. Er gewährleistet die wirksame Durchführung und Anwendung dieses Abkommens. Zu diesem Zweck führt er einen Meinungs- und Informationsaustausch und fasst in den in diesem Abkommen vorgesehenen Fällen Beschlüsse.»

Und Art. 93, Abs. 2 bestimmt:

Das EG-Trugbild
384 Seiten, fester Einband, Fr. 42.- + Porto

La CE, une illusion
370 pages, reliure solide, Fr. 42.- + frais

Das Handbuch zur EG-Wirklichkeit. Leicht verständlich und ohne Tabus geschrieben.

«Tatsachen erweisen sich als die Todesursache vieler Theorien» (Cedrington). Aus der EWR/EG-Problematik haben sich unzählige Theorien, Prognosen und utopische Hypothesen entwickelt, so dass auch vielen aufmerksamen Beobachtern die Übersicht über die Realitäten einer internationalen Zusammenarbeit verloren gegangen ist. In der vorliegenden Abhandlung versucht ein Fachmann die unüberwindlichen Schwierigkeiten einer Gleichschaltung von ganz widersprüchlichen Gebräuchen, Mentalitäten, Veranlagungen und Erwartungen der europäischen Völker und Nationen aufzuzeigen. Diesem Buch liegt eine über 20jährige Ermittlungstätigkeit zugrunde. Daraus ist das wohl am besten dokumenierte Handbuch der EG-Wirklichkeit entstanden.

Das unabhängige Informations-Bulletin zum EWR und zur EG/EU-Problematik

EG-Realitäten

erscheint achtmal jährlich.

Es informiert die Leserschaft über aktuelle und wichtige Vorkommnisse in der EG/EU und veröffentlicht oft ganz unbekannte Tatsachen über die wirklichen Verhältnisse innerhalb der EU und deren Mitgliedstaaten. Ein einzigartig interessantes Aufklärungsblatt und eine Sammlung von unwiderlegbaren Fakten.

Bestellschein

Exp:

..... Futterknecht, *EU-Beitritt ?*, Fr. 28.-

..... dito, *Incorporation à l'UE?*, Fr. 28.-

..... dito, *Das EG-Trugbild*, Fr. 42.-

..... dito, *La CE, une illusion*, Fr. 42.-

Informations-Bulletin

..... 8 Ausgaben "EG-Realitäten" Fr. 24.-

Adresse und Unterschrift:

....
....
....
....

Radika-Verlag AG
Postfach 339
6371 Stans

Bitte frankieren

«Der Gemeinsame EWR-Ausschuss fasst seine Beschlüsse im Einvernehmen zwischen der Gemeinschaft einerseits und den mit **einer** Stimme sprechenden EFTA-Staaten (!) andererseits.»

Das ergibt 12 Stimmen der EG gegen 1 Stimme der EFTA, wobei das EFTA-Mitglied zudem einem der übrigen 6 EFTA-Länder angehören kann, womit 13 fremde Richter null eigenen gegenüber stehen! Der "Gemeinsame EWR-Ausschuss" hat ausserdem, gemäss Art. 105, Abs. 2, die Entwicklung der Rechtsprechung des EG-Gerichtshofes in Luxemburg mit seinen 13 ausschliesslich fremden Richtern zu befolgen!

Nach Art. 108, Abs. 1 des EWR-Vertrags besteht eine EFTA-Überwachungsbehörde zur Gewährleistung der Erfüllung der Verpflichtungen seitens der EFTA-Länder. Dieses Organ besteht aus je einem Mitglied der EFTA-Länder, also aus 6 fremden und einem eigenen Vertreter. Treten zwischen dieser Überwachungsbehörde und der EG-Kommission Meinungsverschiedenheiten über das Vorgehen in einem Beschwerdefall auf, so kann die Sache an den Gemeinsamen EWR-Ausschuss verwiesen werden, wo, wie gesehen, 12 oder 13 fremde Entscheidungsträger amten gegen nur einen möglichen eigenen Vertreter.

Nach Art. 108, Abs. 2, gibt es ferner einen von den EFTA-Staaten eingesetzten EFTA-Gerichtshof, zuständig für Klagen gegen die EFTA-Überwachungsbehörde und deren Entscheide und zur Beilegung von Streitigkeiten zwischen zwei oder mehr EFTA-Staaten. Diesem Gerichtshof gehören je ein Vertreter der 7 EFTA-Länder an; somit 6 ausländische und ein eigener Richter. Ausserdem sind die EFTA-Überwachungsbehörde und der EFTA-Gerichtshof ausschliesslich für EFTA-interne Probleme zuständig. In Streitsachen über die Auslegung oder Anwendung des EWR-Abkommens kann ein EFTA-Staat den Gemeinsamen EWR-Ausschuss anrufen, dessen einseitige Zusammensetzung schon erläutert wurde. Entscheidet dieser Gemeinsame EWR-Ausschuss nicht innerhalb von drei Monaten nach dessen Anrufung, so können die interessierten Parteien den Europäischen Gerichtshof (EuGH) anrufen, dem ausschliesslich 13 fremde Richter angehören.

Nach Protokoll Nr. 33 des EWR-Vertrags gibt es für Streitfälle vorab ein Schiedsverfahren. Es wird gebildet durch je einen Vertreter der beiden Vertragsparteien. Sie bestimmen gemeinsam einen Dritten aus einem anderen EG/EFTA-Land als Obmann. Das Schiedsgericht trifft

seine Entscheidungen durch Mehrheitsbeschluss, also mit 2 : 1 Stimmen, 2 ausländischen und einer eigenen.
Wo wir auch hinschauen: NUR FREMDE RICHTER, Herr Blankart!

Übrigens: Anlässlich eines Grossauftritts im November 1992 der Bundesräte Koller und Ogi im Bundesbriefarchiv in Schwyz kam aus dem Publikum die heikle Frage nach fremden Richtern als Folge eines EWR-Beitritts. Bundesrat Koller wies jeden entsprechenden Verdacht kategorisch zurück und erklärte ohne rot zu werden, dass er niemals JA zum EWR-Vertrag sagen würde, wenn unser Land sich dann fremden Richtersprüchen zu unterziehen hätte. Dem studierten Juristen, Rechtsprofessor und Justizminister unseres Landes kann man in dieser Materie wohl kaum Ignoranz unterschieben, wohl aber bewusste Irreführung. Und unsere Medienschaffenden setzten nicht einmal ein Fragezeichen hinter Kollers Beteuerung. Wir holen dies vorstehend nach, wobei die sehr komplizierte Materie, voll von rechtlichen Spitzfindigkeiten, vereinfacht dargelegt wurde.

Als unverantwortlich erachten wir das Verhalten Blankarts ausserdem, weil er in Basel seinen Zuhörern das die Satellisierung der EFTA-Staaten verursachende Protokoll Nr. 35 unterschlagen hat:

«Für Fälle möglicher Konflikte zwischen EWR-Verordnungen und nationalen gesetzlichen Bestimmungen verpflichten sich die EFTA-Staaten, nötigenfalls eine gesetzliche Bestimmung des Inhalts einzuführen, dass in diesen Fällen die EWR-Bestimmungen vorgehen.»

Abgesehen von diesen bewussten Sachverdrehungen und Entstellungen enthielten die Ausführungen Blankarts Absurditäten, wie beispielsweise:

«Unser Finanzplatz ist bereits an der Grenze seiner Konkurrenzfähigkeit. Dies bringt die Gefahr der Übernahme durch ausländische Bankinstitute und macht Kapitalerhöhungen fast unmöglich. Kapseln wir uns nun auch noch gegenüber Europa ab, so ist es um die Internationalität unseres Bankplatzes geschehen.»

Das Banken-Boom-Jahr 1993 dürfte unserem Direktor des Bundesamtes für Aussenwirtschaft klargemacht haben, dass er am falschen Platz sitzt und ihm offenbar jede Vision über das internationale Finanz- und Bankengeschehen abgeht. Nicht weniger lächerlich wirkt auch seine Basler Behauptung, "ohne EWR wachse die Arbeitslosigkeit in der Schweiz merklich". Was er wohl heute zum Arbeitslosen-Boom in der EU sagen mag?

In einer Hinsicht gehen wir mit Franz Blankarts Versicherung in Basel ganz und gar einig: «**Die unverantwortliche Demagogie gewisser Leute ruft Böses in Erinnerung.**» Hier haben Sie einmal recht, Herr Blankart!

Kurz vor dem Klaustag 1992 beglückte unser philosophierender Chefdelegierte einen grösseren Kreis von Intellektuellen mit seinem ausgeprägten Defätismus:

«Die Identitätskrise, in der sich unser Land zum Teil befindet... Wirtschaftlich haben die andern dank Deregulierung aufgeholt (sic!), während wir vielfach in rigiden Strukturen festgefahren sind. Für eine Willensnation mit nachlassendem Willen zur Nation (*in Regierungskreisen vielleicht?* d.A.) kann dieser Tatbestand jedoch existentiell werden. Es gibt in diesem Lande kaum mehr eine gemeinsam getragene Überzeugung dessen, was die Schweiz sein kann, sein soll und ist. Wir haben in Familie und Schule den echten Patriotismus vernachlässigt (*und im Bundeshaus?* d.A.) und uns auf das kapriziert, was wir nicht sind, weshalb als nationale Substanz wenig übrig bleibt, wenn das, war wir nicht sind, als Antithese wegfällt. Unsere nationale Substanz ist im Schwinden; die Zeit spielt gegen uns. In solcher Lage ist der Alleingang keine Lösung, weil die Schweiz, die es verlernt hat, die Einsamkeit zu ertragen, sich in der Isolierung intern an Banalitäten zerfleischen würde. Persönlich bin ich der Meinung, dass die Identität der Eidgenossen nur in einem Integrationsverhältnis wieder zu erlangen ist...» (*z.B. dank der Zustände in Italien, Spanien, Portugal, Griechenland, oder wo sonst?* d.A.). [So an der *Waldegg-Tagung* Ende November 1992].

Es machte den Anschein, als wollte dieser immer noch im Amt befindliche, hochbezahlte EG-Unterhändler unser Land ganz gezielt in eine verzweifelte Selbstverstümmelung hinein manövrieren und unser Volk zu zermürben, damit es das Untertanenverhältnis gegenüber den EG-Gebietern hinnimmt. Dieser hervorragende Rhetoriker, dessen "sacherfahrenen" Referaten viele intelligente Zuhörer mit offenem Mund folgten, hätte besser daran getan, seine freie Zeit dem Studium der Wirtschafts- und Sozialwissenschaften zu widmen. Seine Beteuerungen wären dann weniger neben dem Geleise zu liegen gekommen.

III. Teil: Nach der Jahrhundertabstimmung vom 6.12.1992

- **Den Volkswillen klar missachtende "offizielle" und andere unberufene Kommentare**

Bereits am Abend des 6. Dezember 1992 machte Bundesrat Jean-Pascal Delamuraz in undemokratischster Form von sich reden, und mit unsachlichen und unbelegbaren Behauptungen umgab er sein einem Bundesrat unwürdiges «wein»-erliches Gerede:

«Ein schwarzer Sonntag für die Wirtschaft, die Jugend und alle Verfechter einer Öffnung der Schweiz» [*BaZ* 7.12.93].

Und am 9. Dezember 1992 im Ständerat:

«Das EWR-Nein ist viel schlimmer, als ich befürchtet habe. Der Schweizer Volkswirtschaft gehen jährlich mehrere hundert Millionen Franken verloren.» (S*iehe dazu die Wirtschaftsberichte 1993!*, d.A.)

BR Arnold Koller kommentierte am 15. Januar 1993 vor der Presse in Colombier: «Wir sind zu einem 2. Klass-EFTA-Mitgliedstaat geworden.»

Würde BR Koller die Wirtschaftsberichte aus den EFTA-Staaten Schweden, Finnland, Norwegen und Österreich lesen, käme er zu einer ganz anderen Klassifizierung.

Als Sofortmassnahme zur Schadensminderung (!), so BR Koller, habe der Bundesrat ein internes Reformprogramm beschlossen... soll die marktwirtschaftliche Erneuerung nun aus eigener Kraft angestrebt und gleichzeitig die "Europafähigkeit" der Schweiz gesichert werden. Die Notwendigkeit einer marktwirtschaftlichen Erneuerung der schweizerischen Wirtschaft und deren Revitalisierung sei bereits vor längerer Zeit erkannt worden und werde grundsätzlich kaum bestritten. Ein Bericht der interdepartementalen Arbeitsgruppe unter Leitung von Direktor H. Sieber vom Bundesamt für Konjunkturfragen habe eine ganze Reihe von Massnahmen-Vorschlägen enthalten, die sich teilweise mit den Massnahmen überschnitten, die im Zusammenhang mit der Anpassung des Bundesrechts an das EWR-Recht vorbereitet oder geplant gewesen seien.

Wenn diese "dringend notwendigen wirtschaftlichen Erneuerungen" und die "wünschbaren gesellschaftspolitischen Reformen" schon "vor längerer Zeit erkannt" wurden, so ist wohl die Frage berechtigt, warum sie von den dafür verantwortlichen Bundesräten und Parlamentariern nicht schon längst in Angriff genommen worden sind. Welche Erneuerungen und Reformen kann die Schweiz nur auf dem Umweg über Brüssel erlangen, weil unsere Landesregierung und Parlament überfordert wären?

Der Bundesrat, so BR Koller, habe in "unrealistischer Weise" seine Erwartungen zu hoch angesetzt; er habe "unrealistische Vorstellungen" gepflegt. Es ist für ein Volk äusserst gefährlich, von Irrealisten regiert zu werden! Und wie steht's mit der jetzigen bundesrätlichen Ideologie eines EU-Beitritts? Nicht noch "unrealistischer"?!

Unser EWR-Chefunterhändler Franz Blankart betitelte viele EWR-Kritiker als Demagogen; Vorsicht, wer im Glashaus sitzt! An einem Europa-Symposium in Basel erklärte er nämlich:

«Der Markt der EG erweiterte sich durch die Schweiz nur um 2 Prozent, derjenige der Schweiz würde durch den EWR um 5'000 Prozent grösser» [*BaZ* 13.3.93].

Nur wer die wirtschaftlichen Gegebenheiten ignoriert, kann so lächerliche und läppische Vergleiche vortragen. Der Markt der EG erweitert nichts, sondern besteht seit Jahrzehnten in seiner jetzigen Grösse und wird seit eh und je mit grossem Erfolg durch die Schweizer Unternehmer bearbeitet.

Der in Brüssel domizilierte Journalist und eine Blankartstütze, Jörg Thalmann, argumentierte in verschiedenen Zeitungen unseres Landes ausgesprochen oberflächlich und mit typischen, substanzlosen Phrasen, so unter dem Titel:

«**Die EG wird grösser und grösser**:
- Es gibt in Europa kaum noch Länder, die nicht der EG beitreten wollen (*es sind deren Regierungen und nicht die Völker,* d.A.). Und die EG erklärt jetzt, dass sie alle akzeptieren wird, wenn auch nicht auf einmal. Angefangen hat sie 1952 mit sechs Gründungsstaaten; heute umfasst sie zwölf Mitglieder (*nach dem bisherigen Rhythmus, 12 Staaten in 40 Jahren, werden die restlichen 39 europäischen Länder somit innerhalb der 130 kommenden Jahren aufgenommen!* d. A.).

- Sechs osteuropäischen Ländern ist der Beitritt für später versprochen worden, sobald ihre Demokratie stabil und ihre Marktwirtschaft wettbewerbsfähig sei (*siehe vorstehender Kommentar*).
- Das Beitrittsgesuch der Türkei (1987!) ist nur provisorisch abgewiesen worden (*bis wann?*).
- Soeben hat schliesslich die EG-Kommission auch den Mittelmeerinseln Zypern und Malta grundsätzlich ihre EG-Beitrittsfähigkeit attestiert (*und wann realisierbar?*).
- In einigermassen absehbarer Zeit wird die EG sämtliche Staaten des europäischen Kontinents umfassen (*siehe oben, in 130 Jahren!*), denn ganz am Ende werden wohl auch die letzten Nachzügler (Island, Liechtenstein, Schweiz?) eintreten, wenn sie nicht zu europäischen Kuriositäten verkommen wollen (*und warum nicht "Sonderfall" bleiben? 1993 und 1994 haben diese Staaten ihre Zweckmässigkeit bewiesen*).
- Aus der EG wird vermutlich in den letzten Jahren des Jahrzehnts eine Art Alte Eidgenossenschaft werden (*wohl eher ein Ex-Jugoslawien oder eine GUS?*)» [*LNN* 3.7.93].

Bundesrat Flavio Cotti, ständig auf EU-Beitrittsagitation besessen, erklärte am Europatag der Universität Freiburg (4.5.93):

«Er hob mehrmals die edle Zielsetzung und friedensstiftende Mission der EG hervor, die sie der Schweiz in besonderem Masse vertrauenswürdig machen müsse. Am Ende eines unruhigen Jahrtausends biete die EG eine historische Neuordnung des Kontinents» [*NZZ* 5.5.93].

Offenbar hat er noch nie vom EG-Demokratie-Debakel, dem EG-Protektionismus, dem EG-Wirtschaftschaos und den EG-Arbeitslosenheeren gehört.

Sehr lesenswert sind die Ausführungen von Bundesrat Arnold Koller anlässlich seines Vortrages in Salzburg am 7. Mai 1993:

«Mitverantwortlich für das Abstimmungsergebnis ist auch der Bundesrat selbst, nachdem er selbst verschiedentlich die institutionellen Schwächen dieses Vertrages betont hatte... wir selbst hatten die Erwartungen in die Verhandlungen in unrealistischer Weise viel zu hoch geschraubt. Es fehlt den Gegnern an einem realistischen Gesamtkonzept für eine neue Europapolitik der Schweiz. Der Entscheid von Volk und Ständen bedeutet kein Nein zu Europa und ist auch kein Votum für einen Alleingang unseres Landes. Nach wie vor bleibt der Beitritt zu der Europäischen Gemeinschaft langfristiges Ziel der schweizerischen Europapolitik.»

Da ist jetzt von "institutionellen Schwächen des EWR-Vertrags die Rede", die bis zum Klaustag 1992 im Bundeshaus stets bestritten wurden. Auch den Österreichern verheimlichte er nicht, dass er und seine Kollegen "die Erwartungen in die Verhandlungen in unrealistischer Weise viel zu hoch geschraubt hatten", was die EWR-Kritiker ständig betonten, von den Massenmedien aber stets verschwiegen wurde. Den EWR-Gegnern fehlte - im Gegensatz zum Bundesrat - nie ein Gesamtkonzept für eine Europapolitik: weder EWR noch EG, sondern die maximale Ausnutzung des weiterhin bestehenden Freihandelsabkommens von 1972 und durch die vielen der Schweiz zur Verfügung stehenden Trümpfe zusätzliche bilaterale und multilaterale Abkommen schliessen und sich nicht nur "EG-offen", sondern vorab weltoffen zu orientieren.

Auch nach dem EWR-Nein, das Staatssekretär Franz Blankart mit seinem Unvermögen weitgehend mitverursacht hat, fährt er fort, seine Landsleute mieszumachen (*Selbsterkenntnis scheint dem Philosophen fremd zu sein*, d. A.). In einem Vortrag vor der Handelskammer Finnland-Schweiz in Thun:

«Die Internationalisierung der Innenpolitik ist ein Faktum, dem die Schweiz wohl nicht mehr lange widerstehen kann. Sollte das Land wider Erwarten den Schritt zur Internationalisierung nicht wagen, wird die Schweiz nicht zusammenbrechen; sie wird nur zur Banalität verkommen und sich intern polarisieren, weil ein Genfer dann mit bestem Willen nicht mehr weiss, was er ausser dem Bankgeheimnis mit einem Zürcher in Zukunft gemeinsam hat» [*BZ* 27.5.93].

Anlässlich eines Besuches der Bundesräte Cotti und Delamuraz im Juni 1993 in Brüssel räumte EG-Kommissionspräsident Delors ein, der zurzeit eher schlechte Zustand der EG eigne sich nicht gerade zur Propaganda. Bundesrat Cotti hingegen wollte die EG nicht nur an ihrem momentanen Zustand messen, sondern verwies auf die grossen Verdienste, welche die langjährige Arbeit der EG für Frieden und Stabilität in Europa habe [*LNN* 29.6.93].

Offenbar bezog sich unser Aussenminister vorab auf die wichtigste Friedenssicherung in Europa, die denkwürdige Versöhnung zwischen

Frankreich und Deutschland. Herr Cotti muss sich aber sagen lassen, dass jener staatspolitische, historische Akt mit der EG (damals EWG) gar nichts zu tun hat. Die grossen Staatsmänner Charles de Gaulle und Konrad Adenauer schlossen Mitte September 1958 in Colombey-les-deux-Eglises jenen bedeutenden Pakt, abseits und unabhängig von den damaligen EWG-Staaten, deren heutige EU-Philosophie diese beiden grossen Europäer stets abgelehnt hatten (*so war de Gaulle entschiedener Gegner eines supranationalen Europas und wollte nur ein "Europa der Vaterländer"*). Ausserdem: Den Rest zur Friedenssicherung in Europa erbrachte ausschliesslich die NATO.

Jetzt aber, wo die EU zu ihrem ersten friedensstiftenden Test in der ehemaligen UdSSR und Ex-Jugolawien aufgerufen wurde, hat sie total versagt und ruft nach USA, UNO und NATO.

Schon während des EWR-Abstimmungskampfes haben argumentsarme Befürworter immer wieder das törichte Schlagwort vom "Alleingang" als untragbare Situation für die Schweiz vorgetragen. Was damit gemeint sein sollte, konnte kein Brüssel-Euphoriker je konkret formulieren. Nun werden wir es bald wieder bis zum Geht-nicht-Mehr zu hören bekommen. Im August 1993 hat alt FDP-Ständerat Paul Bürgi seine AGOS (Arbeitsgemeinschaft für eine offene Schweiz) der Öffentlichkeit vorgestellt und kühn behauptet, "einen Alleingang in Europa könne sich die Schweiz auf die Dauer nicht leisten". Es sei sein Ziel, "der Schweizer Wirtschaft einen gesicherten Zugang zu den Märkten Europas zu verschaffen" [*BaZ* 14.8.93]. Herr Bürgi kann beruhigt sein, die Schweizer Wirtschaft benötigt für die weitere Entwicklung seine Fähigkeiten als Politiker und Jurist in keiner Weise. Sie hat ohne Laienunterstützung schon längst nicht nur die europäischen, sondern die Weltmärkte erobert und gesichert.

Von ganz besonderer Intelligenz und offenbar weltweiter Erfahrung zeugt das Bekenntnis (Kinderglaube?) der jungen Sabine Döbeli, Mitglied der Bewegung "Geboren am 7. Dezember":

«Die Schweiz ist ein Land geworden, von dem niemand mehr Notiz nimmt. Was an der Weltausstellung von Sevilla noch die Gemüter von Herrn und Frau Schweizer erregte, ist heute Realität geworden; "La Suisse n'existe pas"... die Identität unseres Staatsgebildes ist zu diskutieren... Eine Wirtschaftspolitik der Zukunft muss global, umfassend und kohärent sein... damit die Schweiz nicht mehr eine Insel der Selbstgerechten ist» [*Pressekonferenz* in Bern am 27.7.93].

Ein anderes Mitglied der Bewegung "Geboren am 7. Dezember", der 27jährige Hermann Stern aus Zürich, damals gerade mit seiner Doktorarbeit in Wirtschaftsethik beschäftigt, forderte für seine Kollegen und Kolleginnen, sie wollten die selben Chancen haben wie andere junge Europäer auch (*ob er sich auf die massive EG-Arbeitslosigkeit, besonders die Jugend betreffend, bezog? d. A.*). Wahrscheinlich seiner langen Lebenserfahrung verdanken wir die Feststellung:

«Die Leute, die etwas ändern wollen, sehen, dass wir unsere Probleme nicht mehr selber lösen können, es braucht eine neue Identität in der Schweiz, eine selbstbewusste Schweiz, die auch in der EG bestehen kann» [*SdZ* 1.9.93].

Dass Schlagworte auch für Bundesräte übliche Rhetorik darstellen, bewies Bundesrat Flavio Cotti wieder einmal nach seiner Rückkunft vom Bittgang in Spanien (September 1993), wo er Unterstützung für seine Bemühungen um einen EU-Beitritt unseres Landes suchte! Die Schweizer Regierung trachte weiterhin eine Annäherung an die EU zu erreichen. Der Bundesrat wolle verhindern, dass die Schweiz in Europa isoliert werde [*LNN* 16.9.93].

Wer da glaubt, gewisse Bundesräte hätten sich von dem klaren Volksentscheid vom Dezember 1992 beeindrucken lassen und würden ihn respektieren und entsprechend handeln, sieht sich getäuscht. Als Beispiel für die ungebrochene EWR- und EU-Propaganda unserer Regierungsspitzen zitieren wir Bundesrat Jean-Pascal Delamuraz, der im September 1993 an der Hochschule St.Gallen dozierte:

«Die Schweiz braucht Freiräume von europäischer Dimension, wie sie ihr von der EG offeriert wird. Um sich beste Zugangsmöglichkeiten zu den ausländischen Märkten zu sichern, müsse die Schweiz unter Umständen Zusatzleistungen gegenüber der EG erbringen. Als Beispiel führt Delamuraz Finanzleistungen an die ärmeren EG-Staaten, Konzessionen im Agrarhandel und eine Öffnung des schweizerischen Arbeitsmarktes an. Der wirtschaftliche und politische Preis, der allenfalls bezahlt werden müsse, wäre aus seiner Sicht vergleichbar mit den Vor- und Nachteilen eines späteren Beitritts zu EWR oder EG» [*NZZ* 17.9.93].

Dies erinnert an die Worte des Chefs der Schweizerischen Bankgesellschaft:

«Herrn Delamuraz mangelt es an jedem volkswirtschaftlichen Sachverstand» [*WW* 27.5.93].

Benedikt von Tscharner, abgetretener Chef der Schweizer Mission bei der EG, verdankt seinem langjährigen Aufenthalt in Brüssel etwas mehr Sinn für die Realitäten:

«Die EG sieht sich heute verschiedenen Schwierigkeiten ausgesetzt. Dabei erwähnte er speziell die Frage der Beschäftigung und die monetäre Situation. Besonders gravierend und von grundlegender Natur ist die Problematik ihrer derzeitigen Finalität, insbesondere der Finalität der europäischen Konstruktion. Ferner stellt sich die Frage nach der Effizienz der Arbeitsmethoden in der EG, nach der Glaubwürdigkeit und Legitimität sowie nach der Identifikation der Bürger in der Gemeinschaft... Europa sei dazu verurteilt, sich um die Idee und die Struktur der EG zu sammeln» (*diesbezüglich irrt sich von Tscharner gewaltig!* d.A.) [*NZZ* 18.9.93].

Wie grosszügig auch ein Bundespräsident mit der Wahrheit umgeht, zeigt ein Brief vom 1.11.93 vom Adolf Ogi an eine um die Zukunft unseres Landes besorgten Mitbürgerin:

«Auch mir liegt unser Land am Herzen, und ich setze mich - ganz im Sinne unserer Bundesverfassung (? d. A.) - für dessen Unabhängigkeit in Freiheit und Wohlfahrt ein. Ein EG-Beitritt hätte - das deutsche Bundesverfassungsgericht hat dies jüngst bestätigt - keine Aufgabe der Souveränität zur Folge.»

Nur das Ansehen, das das Amt eines Bundespräsidenten erheischt, lässt uns darauf verzichten, die vorgetragene Unwahrheit als das zu bezeichnen, was sie ist. Das deutsche BVG hat mit **keinem** Wort erklärt, der EU-Beitritt eines Landes habe keine Souveränitätsverzichte zur Folge. Die entsprechende Behauptung von Bundespräsident Ogi ist ganz einfach eine unzulässige Entstellung der Wahrheit und Irreführung der mit der Materie weniger vertrauten Stimmbürger. Es ist leicht nachzuweisen - und BR Ogi weiss dies, entgegen seiner leichtfertigen Beteuerung, sehr genau - dass ein EU-Beitritt für die Schweiz Dutzende von massiven und gravierenden Souveränitäts-Verlusten und -Beschränkungen nach sich ziehen würde. Es dürfte allein schon der Hinweis genügen, dass sogar EG-Direktiven - ganz zu

schweigen vom Maastricht-Vertrag - Vorrang gegenüber den jeweiligen Staatsverfassungen haben!
Bundesrat Falvio Cotti wird nicht müde, die grosse Mehrheit des Schweizervolkes systematisch zu desavouieren. So fabulierte er in Wien:

«Die Schweiz strebt nach den Worten ihres Aussenministers Flavio Cotti wie Österreich einen Beitritt zur EG an. Die Schweiz geht nur vielleicht einen langsameren Weg, aber die Ziele unserer Europapolitik bleiben die gleichen: Der Beitritt zur Europäischen Gemeinschaft ist unser europäisch-politisches Ziel, erklärte der Vorsteher des Eidg. Departements für Auswärtige Angelegenheiten (EDA) am Donnerstag in Wien» [*BaZ* 26.11.93].

Nicht die "Schweiz", sondern einige Bundesräte und eine Anzahl Parteipolitiker streben verfassungswidrig und pflichtvergessen den Anschluss an die EU an.
Bis im Jahre 2000 soll der Beitritt über die Bühne gegangen sein, meldete *Cash,* sich auf Bundesrat Cotti beziehend [*BaZ* 27.11.93]. Doch wohl nur durch einen Staatsstreich, Herr Cotti?

«Bundesrat Cotti musste zugeben, dass er jetzt nicht verbindlich aufzeigen könne, wie harmonisch sich einmal direkte Demokratie und europäische Integration vermählen lassen» [*NZZ* 16.3.94].

Wenn Sie dazu nicht in der Lage sind, Herr Bundesrat, dann haben Sie zum Thema EU-Beitritt die Zunge im Zaun zu halten, bis Sie es wissen. Ein anderes Verhalten ist unverantwortlich und wäre ein Hasardspiel mit dem Unbekannten! Übrigens: Die Antwort ist ganz einfach: Direkte Demokratie und Integration schliessen sich aus, so wie eine Dame sich nicht mit einem Elefanten verheiraten kann. Mehr noch: jeder einigermassen gebildete Mensch weiss, dass Integration nur funktioniert, wenn Souveränität in die Masse geworfen wird!
Alt Bunderat Felbers Nachfolgerin, Frau Ruth Dreifuss, wird sich über das tendenziöse Verhalten ihres Kollegen sehr freuen. Ihre Gedanken über die "Zukunft der Eidgenossenschaft" gab sie 1991 anlässlich der 700-Jahrfeier bekannt. Die ehemalige Sekretärin des Schweizerischen Gewerkschaftsbundes SGB und heutige Bundesrätin formulierte damals:

«Es ist eigentlich unwesentlich zu wissen, ob es die Schweiz noch geben wird oder nicht. Ich persönlich hoffe, dass über die Staaten hinweg ein neuer europäischer Überbau entsteht. Wir stehen ja gerade auf der Schwelle dazu. Ob die Schweiz innerhalb einer grösseren Einheit als Staat überlebt oder nicht, ist mir selbst nicht so wichtig... Wir haben jetzt sieben Jahrhunderte Eidgenossenschaft hinter uns und treten ins achte ein. Aber ich bin nicht sicher, ob es für uns ein neuntes Jahrhundert geben wird... Vorausgesetzt, die Schweiz überlebt: Es wird eine bunte Schweiz sein, regenbogenfarbig, wie man das in Frankreich ausdrückt. Sie wird alle Menschen einschliessen, die am Wohl dieser Gesellschaft teilnehmen, ganz gleich, ob sie in Sizilien, in der Algarve oder in der Türkei geboren sind. Es wird noch viel mehr Mischehen geben. Das wird uns guttun» [*Migros-Jahrbuch* 1991].

Im eidgenössischen Justizministerium wird untersucht, wie in einem zweiten EWR-Urnengang die Rechte des Volkes eingeschränkt werden könnten, z.B. durch Aufhebung des Ständemehrs [*SZ*]. Es ist daher wohl angebracht, äusserste Vorsicht walten zu lassen. Diese Schrift will zu dieser Vorsicht anregen.

Nach soviel Wenn und Aber, nach der bewiesenen Unbeständigkeit und dem Wankelmut in der EWR/EG-Problematik haben u.E. einige Bundesräte und Spitzenbeamte sowie viele Parlamentarier jegliche Legitimation verloren, zum Thema EG/EU weiterhin angehört zu werden. Da sie nicht abgesetzt werden können - und aus freiwilligem Entschluss gehen sie nicht - müssen deren Kommentare als wertlos und tendenziös einfach ignoriert werden.

EU-Integration = CH-Desintegration

Schon die Bedeutung des Wortes "Integration" klärt hinreichend darüber auf, was gemeint ist. Dem Lexikon ist zu entnehmen, dass darunter "die Verbindung einer Vielheit von einzelnen Gruppen (Nationen) zu einer gesellschaftlichen Einheit (EU) zu verstehen ist". Oder mit anderen Worten: "Der ein selbständiges Nebeneinander zu einem übergeordneten Ganzen zusammenschliessende Prozess" [*Duden*]; oder "Wiederherstellung eines Ganzen, einer Einheit (EU), durch Einbeziehung aussenstehender Elemente (Staaten); völkerrechtlich charakterisiert Integration den internationalen oder supra-

nationalen Zusammenschluss von Staaten in politischer, wirtschaftlicher und/oder militärischer Hinsicht" [*Meyers*].
Integration bedeutet somit ganz klar die Preisgabe der Eigenständigkeit eines Landes, das "Aufgehen in einer grösseren Einheit." **Man kann sich nicht in ein anderes politisches Gebilde integrieren und gleichzeitig die Unabhängigkeit und Selbständigkeit bewahren!**
Unter dem Titel IV. treten wir den unwiderlegbaren Beweis an, dass ein EU-Beitritt unser Land total desintegrieren würde und es nicht wieder erkennbar wäre.

Die Welt bietet heute eine geschlossene Vielfalt von Nationen. Wir sprechen von internationaler Zusammenarbeit, von den Vereinten Nationen und akzeptieren damit praktisch die Nationen als Bausteine der Weltordnung. Die Welt ist eine Welt von Nationalstaaten. Der Nationalstaat und das Anerkennungssystem im Völkerrecht und die Organisation internationaler Zusammenarbeit sind eine grosse Errungenschaft. Entscheidend ist der demokratische Charakter dieser Nationalstaaten, auf den es überall hinzuarbeiten gilt.

«Der Totalitarismus ist nicht die unausweichliche Konsequenz der nationalen Formierung eines Gemeinwesens. Der Totalitarismus ergibt sich vielmehr, im nationalsozialistischen wie im internationalsozialistischen Falle, aus deren Grossideologien, durch den rassenkampfideologisch interpretierten Geschichtslauf, und diese ideologische Perspektive reicht weit über die Grenzen nationaler Orientierungen hinaus.» [Lübbe, *Abschied vom Superstaat*, S. 41].

«Der europaoffene Nationalstaat ist der geopolitische Raum der Demokratie. Nur der Nationalstaat kann Verfassungsstaat sein. Es ist lebensgefährlich, den Nationalstaat zu demontieren, bevor etwas besseres an seine Stelle getreten ist. Er allein garantiert Bürgerrechte und Bürgerchancen» [Ralf Dahrendorf, ehemaliger EG-Kommissar, Wirtschaftswissenschafter].

Gemeinsame EU-Politik sollte sich nur darauf konzentrieren, Freihandel und Umweltschutz zu erreichen. Andere Bereiche der Zusammenarbeit sollten ausschliesslich zwischen den europäischen Regierungen bi- und multilateral geregelt werden. Daher brauchen wir kein Europäisches Parlament mit 567 Abgeordneten oder eine europäische Bürokratie mit über 24'000 Beamten, die bürgerfern ausschliesslich Verordnungen und Richtlinien gebären und sich in unser Alltagsleben einmischen. Wir brauchen keine Harmonisierung, die Standardisierung bedeutet, weil es die Unterschiede zwischen Ländern sind, die Handel und Reisen lohnenswert machen.

Solange das politische Ziel der Schweiz die "Wahrung unserer spezifischen Staatsstruktur und unserer grösstmöglichen Unabhängigkeit" ist, solange kann ein Beitritt der Schweiz zur supranationalen EU nicht in Frage kommen. Beim bundesrätlichen Ziel des EU-Beitritts, so behauptet das Integrationsbüro EDA/EVD, gehe es um weit mehr als vorwiegend wirtschaftliche Aspekte. Leider haben Bunderat und Integrationsbüro es bisher konsequent unterlassen, der Bevölkerung konkret zu erklären, "um was mehr" es denn gehe. Wir warten immer noch, um dann Stellung dazu nehmen zu können.

Ein Beitritt der Schweiz zur EU wäre nur nach einer Änderung der Bundesverfassung möglich, da bei einer Mitgliedschaft der Schweiz entsprechend dem acquis communautaire der Europäischen Gemeinschaft viele Hoheitsrechte für ewige Zeiten auf Gemeinschaftsebene übertragen werden müssten.

Wie unsere eidgenössischen Räte nach einem EU-Beitritt funktionieren würden, wie der Bundesrat, wie das Bundesgericht, wie die kantonalen Regierungen, Parlamente und Gerichte, wie die Behörden der Amtsbezirke, der Gemeinden, wie die parastaatlichen Institutionen, wie die Nationalbank, die Kantonalbanken, die kantonalen Monopolversicherungen und vieles andere mehr, kann niemand heute schon umschreiben. Es müssten die Volksrechte, so unter anderem das Initiativ- und das Referendumsrecht, aber auch das Wahlrecht in Einzelbereichen aufgehoben, in anderen stark eingeschränkt werden. Die Kantone würden offenbar zu reinen Vollzugs- und Verwaltungsbezirken. Was wären die Aufgaben der Bundesbehörden? Doch wohl nur Vollzugsbehörden als Knechte Brüssels zu sein, mit nur noch wenigen Ressorts mit eigener Rechtsetzungsbefugnis. Es ist anzunehmen, dass unsere politische Schweiz von heute organisatorisch völlig umgekrempelt werden müsste. Die jetzige Bundesverfassung wäre nur noch Makulatur.

Viele EU-Befürworter argumentieren wider besseres Wissens mit Mitentscheidungsmöglichkeiten der Schweiz innerhalb der EU. An anderer Stelle werden wir die tatsächliche, prozentuale Mitwirkung in der EG-Kommission, dem Ministerrat, an Gipfeltreffen der Staats- und Regierungschefs und im EG-Parlament darstellen. Es grenzt an Verhältnisblödsinn behaupten zu wollen, dass ein Kleinstaat wie die Schweiz auf die Politik und das Verhalten der tonangebenden Mächte

Deutschland, Frankreich und England merkbaren Einfluss haben könnte. Ob die Union sich in Grossmachtspiele verstrickt oder nicht, dazu haben wir wenig bis nichts zu sagen.

Andere EU-Anpasser wiederum erklären, gleich wie bei einem EU-Beitritt hätten 1848 die Schweizer Kantone auch Kompetenzen an den Bund abtreten müssen. Die Abtretung der Souveränitätsrechte an die Eidgenossenschaft hätte keinen Zürcher zum Waadtländer gemacht. Unsinn: Nicht die Kantone, sondern die Kantonsbürger haben kantonale Kompetenzen an die Eidgenossenschaft abgetreten, aber die Mitbestimmung und Mitentscheidungsmöglichkeit im vollen Umfang beibehalten. Statt nur auf kantonaler wird auch auf eidgenössischer Ebene direkte Demokratie praktiziert; für Verfassungsänderungen wird das Ständemehr benötigt, und die Delegierten der Kantone bilden den Ständerat, ohne dessen Zustimmung es keine neuen Gesetze oder Gesetzesänderungen geben kann. Ein eigentlicher Souveränitätsverlust fand gar nie statt, weil weiterhin die Schweizer Bevölkerung mit den gleichen Rechten zu entscheiden hat. Ein unumstösslicher Beweis ist dabei die Tatsache, dass das Subsidiaritätsprinzip wie in keinem andern Land der Welt mustergültig beibehalten und sogar ausgebaut werden konnte; im krassen Gegensatz zu Brüssel, wo Rechte unwiderbringbar abgegeben werden müssten. Die abzutretenden Rechte gingen nicht an eine grössere Volksmasse über, sondern an eine bürokratische Zentralmacht. In der EU gibt es überhaupt keine Volksrechte, keine Mitbestimmung. Souveränitätsrechte an die EU abzutreten heisst somit, diese vollumfänglich zu verlieren, aufzugeben, zu opfern.

Nicht zu vergesssen: Neun der zwölf gegenwärtigen EU-Mitgliedstaaten waren Kolonialmächte, und einige sind es noch immer. Deren Konflikte sind in die europäische Geschichte tief eingesunken und verflüchten sich nicht so einfach. Sie sind nicht gelöst, nur umgewandelt. Die gegenwärtige Phase ist nichts anderes als ein weiteres Kapitel in der Tradition westeuropäischen Expansionismus' und westeuropäischer Konfrontation mit Nachbarn.

Das Integrationsbüro EDA/EVD erklärte in einer Broschüre:

«Die Idee eines Vereinigten Europas stammt nicht erst aus dem 20. Jahrhundert. Es gab immer wieder Versuche, Teile Europas unter einer übergeordneten Instanz zu vereinigen.» (*Das IB hat für einmal recht. Praktische Beispiele: Stalin, Hitler, Napoleon, Franco, Mussolini, Tito, Ceausescu, - und jetzt die EU*, d. A.)

Übrigens: Wer sich der EU anschliesst, schliesst sich einer kleinen Minorität der Welt an, nämlich an sechs Prozent der Weltbevölkerung!

IV. Teil: Vor- und Nachteile eines EU-Beitritts

A. Die fiktiven Vorteile eines EU-Beitritts

Einleitung

Es wird hier die Rede sein von der EU, wie sie sich heute darstellt, nicht von jener EG, die viele vorzutäuschen versuchen, noch jener, die andere weissagen.

Mit viel Raffinesse tragen EU-Befürworter immer wieder Argumente für einen EU-Beitritt an die Öffentlichkeit, als wäre deren Realisierung für die Zukunft gesichert. Es sind aber (fast) ausschliesslich Vorwände, Scheinbegründungen, nicht beweisbar. Beweisbar und real sind nur unzählige Nachteile. Was der Bundesrat seinen Bürgern zumutet, ist die Verlagerung der Beweislegung in die Zukunft, und dies führte zum politischen Selbstmord: zunächst einmal die sicheren Nachteile in Kauf zu nehmen und sich mit dem Versprechen auf spätere Kompensation zu begnügen.

a.- Mitentscheidungsrechte

Der Bundesrat behauptet in seinem diesjährigen Bericht zur Aussenpolitik in den 90er Jahren:

> «Nur die Mitbestimmung im internationalen Rahmen vermag den unausweichlichen Verlust an Autonomie zu kompensieren. Nur die internationale Zusammenarbeit ermöglicht es, mit Aussicht auf Erfolg jene Probleme anzupacken, welche heute der Bevölkerung am meisten am Herzen liegen, sei es im Bereich der Umwelt, der

Sicherheit oder des Wohlstandes» [Aussenpolitik in den 90er Jahren, Seite 44, *NZZ* 26.2.94]. (*Typische bundesrätliche Irreführung und Verdrehkunst: Internationale Zusammenarbeit ist ein Sache, eine ganz andere ist ein EU-Beitritt!* d.A.).

Noch nie hat der Bundesrat die Öffentlichkeit über das Gewicht und das Ausmass informiert, mit welchem unsere Bevölkerung an der Mitbestimmung (Stimmengewicht) beim "Aufbau Europas" beteiligt wäre. Er weiss offenbar sehr wohl warum! Er begeht eine schwerwiegende (absichtliche) Unterlassung! Auch EU-Anhänger argumentieren ununterbrochen mit der suggestiven Behauptung, die Schweiz müsse "rechtzeitig" der EU beitreten, denn nur so habe sie Gelegenheit, beim "Bau des Hauses Europa" mitzuwirken und vor allem mitzubestimmen. Leider geben diese Fürsprecher nie einen Überblick über die Reichweite unserer Mitentscheidungsmöglichkeit innerhalb der EU. Eine Klarstellung umgehen alle EU-Befürworter bewusst und systematisch. Hier soll dem abgeholfen werden.

Ein EU-Beitritt ermöglicht keine echte Mitbestimmung (Mitentscheidungsrecht) von irgendwelcher Bedeutung; jede andere Darlegung wäre eine Verfälschung der Tatsachen. Es darf davon ausgegangen werden, dass vor oder gleichzeitig mit dem EU-Beitritt der Schweiz drei andere Länder, d.h. Österreich, Schweden und Finnland, zur EU stossen würden. Daraus ergäbe sich folgendes Stimmengewicht für die Schweiz:

An den sogenannten **Gipfeltreffen der Staats- und Regierungschefs** als verfassungsgebende Instanz würden total 16 Persönlichkeiten teilnehmen. Die Schweiz würde wahrscheinlich durch den Bundespräsidenten vertreten sein. Unser Stimmengewicht betrüge **6,3 Prozent.**

Im **EG-Ministerrat,** der allein gesetzgebenden EG-Behörde, sind derzeit 12 Länder mit zusammen 76 Stimmen vertreten. Auf die vier neuen Mitgliedstaaten entfielen 14 zusätzliche Stimmen, für die Schweiz deren 3 (drei). Stimmengewicht der Schweiz: **3,3 Prozent.** Im Fall des qualifizierten Mehrs, mit welchem heute viele EG-Beschlüsse gefasst werden können und das immer weiter ausgebaut wird, wäre das Stimmengewicht ebenfalls **3,3 Prozent.**

In der **EG-Kommission,** der eigentlichen EG-Regierung, sind jetzt 17 Kommissare tätig. Es ist nicht gesichert, dass bei einer EG-Erweiterung jedem Neuling einen Sitz zugesprochen würde. Im besten

Fall könnte die Schweiz einen Kommissar den anderen 20 gegenüberstellen. Stimmengewicht der Schweiz: **4,8 Prozent**.

Dem **Europäischen Parlament**, dem demokratischen Aushängeschild, jedoch mit keinen gesetzgebenden Befugnissen ausgerüstet, gehören 567 Abgeordnete aus allen EU-Staaten an. Auf die vier neuen Mitgliedländer würden voraussichtlich 76 Parlamentssitze entfallen, so dass vom Gesamtbestand von 643 Abgeordneten deren 18 vom Schweizervolk gewählt werden könnten. Stimmengewicht der Schweiz: **2,8 Prozent**.

Viele EU-Machtpolitiker würden der Schweiz vorrechnen, dass unser Land eigentlich zuviel Stimmengewicht habe, denn bei einer EU-Bevölkerung von rund 370 Millionen Menschen gegenüber 7 Millionen der Schweiz hätte sie nur Anspruch auf **1,9 Prozent**!

Während früher in der EG Beschlüsse nur einstimmig gefasst werden konnten, wird heute immer mehr nach dem Mehrheitsprinzip entschieden, wodurch das einzelne Stimmengewicht laufend an Bedeutung verliert.

Bekanntlich werden in Deutschland (sowohl beim Bund als auch in den Ländern) Parteien mit weniger als 5%igem Stimmenanteil von der Teilnahme ihrer Vertreter im Parlament ausgeschlossen, wegen **Bedeutungslosigkeit**. Auch verschiedene andere Länder kennen die 4-5 %-Klausel als Grenze der Angemessenheit der Mitsprache.

Verzichten wir auf die belanglosen, lächerlichen 2 - 4,8 % bei der EU und behalten wir die 100% im eigenen Land! Bedenkt man, dass bisher unsere Landes- und Kantonsregierungen im Alleingang entschieden (mit **100prozentigem Stimmengewicht**!) und ihre Parlamente unbeeinflusst von aussen allein über erforderliche Gesetze und Massnahmen beschlossen, so ist es eine aufgelegte Irreführung der Stimmbürger, bei dem geringfügigen, nur wenige Prozente darstellenden Schweizer Entscheidungsgewicht in der EU von Mitbestimmungsrecht und von Mitentscheidungsmacht zu reden. Und dies ausserdem noch im vollen Bewusstsein, dass in Brüssel bereits konkrete Pläne vorliegen, wonach ein von allen Staats- und Regierungschefs der Gemeinschaft für drei Jahre designierter Euro-Präsident zusammen mit seinen selbst ausgesuchten (!) Ministern das Schicksal von 370 Millionen Menschen bestimmen soll. Alle 48 Jahre müsste rechnerisch die EU-Präsidentschaft auf einen Schweizer entfallen.

b.- Kriminalität / Drogen / Terrorismus / Flüchtlinge

Um die internationale Kriminalität, den Drogenhandel und den Terrorismus bekämpfen und die Flüchtlingsströme kontrollieren zu können, müsse die Schweiz der EU beitreten, versuchen EU-Enthusiasten (inklusiv einige Bundesräte) den Stimmbürgern einzutrichtern. Warum zur Bewältigung der aufgezeigten Probleme unsere Souveränität weitgehend geopfert werden soll, ist schleierhaft und grotesk. Probleme der vorstehenden Art sind bisher durch bi- und multilaterale Abkommen mit Erfolg bewältigt worden. Ein Blick auf die EG-Bürokratie genügt, um zur Überzeugung zu gelangen, dass internationale Abkommen wesentlich einfacher zum Ziel führen:

«Zwanzig Jahre lang wurde in der EG über ein europäisches Kriminalamt diskutiert. Zehn Jahre lang wurde darum gestritten, an welchem Ort es errichtet werden soll. Jetzt endlich wurde es in Den Haag offiziell eröffnet. Es heisst Europol - und es ist nicht das, was man sich eigentlich darunter vorstellt. Wer die Aufgaben von Europol beschreibt, der muss damit beginnen, was Europol **nicht** ist: Es ist kein europäisches FBI. Die sechzig Europol-Beamten sind also mitnichten Ermittler, sie sind nicht unterwegs zwischen Palermo und Hamburg, sie fahnden nicht und sie verhaften niemanden, sie haben keine Handschellen bei sich, sondern allenfalls ein EDV-Handbuch. Sie sitzen in ihren Büros in Den Haag vor dem Computer. Europol ist nämlich keine richtige Polizei. Europol ist ein **Europool**: Eine polizeiliche Informationsstelle. Europol ist keine Wunderwaffe gegen die organisierte Kriminalität, vielmehr nach langer Vorbereitung ein ganz bescheidener Anfang, ein Versuch der informationellen Zusammenarbeit der Polizeibehörden der Staaten der EG. Lediglich unter einem Interimsabkommen arbeitend, konzentriert sie sich ausschliesslich auf den Austausch von Informationen über Drogenkriminalität» [*SdZ* 18.2.94].

Die Abschaffung der Grenzkontrollen für Personen in neun EU-Ländern hätte auf Beginn des EG-Binnenmarktes (1.1.93) vollzogen werden sollen. Bis heute (Ende 1994) ist nichts geschehen. Grossbritannien, Irland und Dänemark wollen ohnehin nicht. Die andern Mitgliedsländer erleiden Rückschlag um Rückschlag.

«Der endgültige Abbau der Personenkontrollen zwischen den Staaten der EG verzögert sich durch die langsamen Fortschritte bei der Erarbeitung einer gemeinsamen Schutzpolitik. An einer Ratstagung der Innen- und Justizminister in Brüssel wurde sogar festgestellt, dass eine teilweise Wiedereinführung von Grenzkontrollen unvermeidbar sei» [*NZZ* 24.3.94].

Wenn es aber einmal soweit sein sollte, wird ein unkontrollierbarer Europatourismus von Drogendealern und -Süchtigen, Kriminellen, Terroristen und Asylbewerbern Westeuropa überziehen. Das Schengen-Abkommen würde uns bei einem EU-Beitritt zwingen, die Souveränität in Sicherheits- und Drogenpolitik aufzugeben. Die vor allem in Südstaaten herrschende tiefgreifende Verfilzung von Polizei- und Sicherheitsorganen mit der Mafia muss grösste Bedenken auslösen [*LNN* 1.2.94]. In Dänemark, im sogenannten "Freistaat Christiania", wird mit Drogen gehandelt, als befänden sich die Dealer in einem exterritorialen Gebiet!

«Die Internationale Drogenkontrollbehörde meldet, dass in Europa sich das Drogenproblem infolge der Lockerung von Grenzkontrollen innerhalb der EG drastisch verschlimmert habe» [*LuZ* 1.3.94].

Uns beim Flüchtlingsproblem den Entscheiden der EG unterwerfen zu müssen, ist für jeden denkenden Menschen schaudererregend. Eine Umfrage der EG vom Oktober 1992 in 10 mittel- und osteuropäischen Ländern ergab, dass etwa 13 Mio. Menschen in Mittel- und Osteuropa nach Westeuropa auswandern möchten. Eine Studie des französischen demographischen Instituts (INED) im Auftrag des Europarats prognostiziert 5 Mio. Auswanderer aus der ehemaligen Sowjetunion.

c.- Frieden in Europa sichern

Wenn sogar Bundesrat Falvio Cotti darauf hinwies, dass die EG nicht nur an ihrem momentanen Zustand zu messen sei, sondern an den grossen Verdiensten der langjährigen Arbeit für Frieden und Stabilität in Europa [*LNN* 29.6.93], so kann es nicht überraschen, dass auch kleinere Geister ähnlichen Unfug daherreden.

Die EG (vorher EWG) hat seit Bestehen noch nie Beachtenswertes für die Friedenserhaltung in Europa geleistet. Das Gegenteil zu behaupten bedeutet, dieses Monster mit fremden Federn zu schmücken. Wir haben bereits darauf hingewiesen (Seite 56), dass der grundlegende Akt des Friedens in Europa die beiden Staatsmänner General Charles de Gaulle und Konrad Adenauer 1958, fern der EWG, geschaffen haben. Die militärische Präsenz der Amerikaner innerhalb der NATO verhinderte 40 Jahre lang Konflikte, trug entscheidend zum Sieg im Kalten Krieg bei und befreite, ohne dass ein einziger Schuss fiel, die Vasallenstaaten des ehemaligen Sowjetimperiums. Das Allgemeine Zoll- und Handelsabkommen (GATT) unterdrückte die Bedrohung durch Protektionismus und Handelskriege.

Die EG hat bisher nie Frieden gestiftet und stiften können - siehe Ex-Jugoslawien und Ex-UdSSR - sondern stets Unruhe und Streit unter den Mitgliedstaaten verursacht, denen es immer nur um mehr Macht und Geld ging und geht. Beispiel:

«Als die Menge in Leipzig 'Wir sind das Volk'! rief und nicht mehr zu übersehen war, dass die Deutschen auf dem Wege waren, wieder zusammenzukommen, flog der französische Präsident in Panik nach Kiew, um Gorbatschow zu überreden, es beim Status quo zu belassen. Von seinem Besuch in Ost-Berlin bei den letzten DDR-Grössen Egon Krenz und Hans Modrow gar nicht zu reden. Es war eine politische Peinlichkeit und eine kaum verständliche Fehleinschätzung der Lage. Die eiserne Lady, Margaret Thatcher, besuchte den französischen Staatspräsidenten Mitterrand, um sich mit ihm zu besprechen, wie die deutsche Wiedervereinigung verhindert werden könnte. Der Bundeskanzler andererseits überraschte den Bundestag mit einem Zehn-Punkte-Programm zur Wiedervereinigung, über das er seinen Freund in Paris ebenfalls vorher nicht unterrichtet hatte» [Wickert, *Im Luftreich*, S. 227].

Der überraschende Flug Mitterrands nach Belgrad im Jugoslawien-Konflikt, ohne seine EG-Kollegen verständigt zu haben, obwohl er mit ihnen tags zuvor zusammen war, ist lediglich der Punkt auf dem EG-i.

d.- Umwelt

Eine weitere Absurdität leisten sich die EU-Snobisten mit der Behauptung, unser Land hätte der EU beizutreten, weil der Umweltschutz nur grenzübergreifend organisiert werden könne, als wenn dies nicht durch internationale Abkommen zu lösen wäre. Es ist unbestritten, dass die Schweiz im Umweltschutz der EU viel voraus hat. Die

EU dagegen hat in Maastricht versäumt, umweltpolitische Herausforderungen unserer Zeit aufzugreifen, die einer gemeinsamen Lösung auf gesamteuropäischer Ebene am dringlichsten bedürfen.

Die umweltpolitischen Herausforderungen des kommenden EG-Binnenmarktes hat schon 1989 die von der EG eingesetzte Sonderarbeitsgruppe mit ihrem Task-Force-Bericht in wichtigen Hinweisen skizziert. Unter anderem wird bis zum Jahr 2010 eine Zunahme der Schwefeldioxid- und der Stickstoffoxid-Emissionen um 8 bis 9 bzw. 12 bis 14% über derjenigen Höhe vorhergesagt, die ohne Binnenmarkt erreicht würde. Als massgebliche Ursache für die prognostizierten Entwicklungen wird u.a. die "Liberalisierung" der Verkehrs- und Energiemärkte angesehen.

Die Task-Force erwartet, dass die "Liberalisierung" des Güterkraftverkehrs zu einer Zunahme des Güterverkehrs auf der Strasse um 30 bis 50% führen wird.

Die Prognosen für den deutschen Bundesverkehrswegeplan 1992 gehen davon aus, dass der Güterverkehr auf der Strasse im Zeitraum von 1988 bis zum Jahr 2010 um 95% zunimmt. Im Transitverkehr durch Deutschland wird sich der Güterverkehr verdoppeln. Beim Personenverkehr wird sogar eine Steigerung um mehr als 180% erwartet. Ähnliche Daten liegen für die Schweiz vor, nur mit dem Unterschied gegenüber der EG, dass hier etwas unternommen und nicht nur gepredigt wird.

e.- Subsidiarität

Viele EU-Befürworter machen geltend, dass die EU durch den Maastricht-Vertrag sich an das Subsidiaritätsprinzip zum Vorteil der Mitgliedstaaten halte. (*Subsidiarität: Prinzip, nach dem übergeordnete gesellschaftliche Einheiten - EG - nur solche Aufgaben übernehmen, zu deren Wahrnehmung untergeordnete Einheiten - Bund, Kantone, Gemeinden - nicht in der Lage sind*). Dass dieses Prinzip zur Beruhigung der EU-Bürger im Maastricht-Vertrag festgehalten ist, bedeutet noch lange nicht, dass es auch angewendet würde, wobei die Franzosen unter diesem Begriff die "Schubladisierung" einer Sache verstehen. Sie finden auf den Seiten 110-111 einige Beispiele, wie sich die EG in die kleinsten Kleinigkeiten einmischt und sich in der Praxis einen Dreck um das Subsidiaritätsprinzip kümmert.

Die EG-Kommission hat sich hinsichtlich ihres Subsidiaritätsverständnisses selbst entlarvt. Das Tagesprotokoll des Europäischen Rats in Lissabon (Ende Juni 1992) präzisiert das Subsidiaritäts-Dilemma wie folgt:

«Mit jedem Beitritt wird sich die Gefahr der Überlastung und Lähmung vergrössern. Im anschliessenden Abschnitt 22 der Anlage erklärt die Kommission dann ausdrücklich, wie sie sich die rigorose Befolgung der Subsidiarität vorstellt: klare Unterscheidung zwischen Entscheidungsbefugnis und Durchführungsbefugnis, wobei letztere (sic!) häufig dezentralisiert werden kann.»

Also nur Handlangerdienste für die EG-Oberen. Das Subsidiaritätsprinzip ändert somit nichts an den wichtigsten zentralisierenden Merkmalen des Maastricht-Vertrags.

f.- Zur EU-Demokratisierung beitragen

Mit den Worten "Im Namen Gottes des Allmächtigen!" beginnt unsere Verfassung, jene der Vereinigten Staaten von Amerika mit "Wir, das Volk". Der verfassungswertige Maastricht-Vertrag beginnt mit folgenden Worten: "Seine Majestät, der König der Belgier, Ihre Majestät, die Königin von Dänemark, Seine Exzellenz, der Präsident der Bundesrepublik Deutschland, Seine Majestät, der König von Spanien..." (es folgen die übrigen EU-Staatsoberhäupter).

Im Maastricht-Vertrag ist die Diktatur der Machtpolitiker unverkennbar festgehalten:

«Der Europäische Rat (die Staats- und Regierungschefs der EG) gibt der Union die für ihre Entwicklung erforderlichen Impulse und legt die allgemeinen politischen Zielvorstellungen für diese Entwicklung fest» (Artikel D des Unionsvertrags).

«Nach wie vor bestimmen 12 Minister in geheimen Sitzungen, was für 340 Millionen Menschen gut und recht sein soll» [*NZZ* 12.2.94].

Und bei dieser Sachlage versuchen viele unserer EU-Patrioten, die Bevölkerung glauben zu machen, die EU warte auf uns, um sich demokratisch zu gestalten; oder einmal in der EU, hätte unser Land die

Möglichkeit, den EU-Staats- und Regierungschefs beizubringen, wie die EU demokratisch gestaltet werden müsse. EG-Kommissionspräsident Jacques Delors pflegte zu sagen, dass die Bemühungen zur Schaffung einer politischen Union die EG nicht in eine "grosse Schweiz" verwandeln sollte. Damit dürfte er aus den Herzen der EG-Machtpolitiker gesprochen haben; die Eidgenossenschaft könne für die EU als Vorbild genommen werden, dürfte bei ihnen nur ein mühsames Lächeln auslösen (siehe auch oben "Mitentscheidungsrechte"!).

g.- Der "lebensnotwendige" EG-Markt

Der Jurist, alt Bundesrat Rudolf Friedrich, der in der EWR-Kampagne die Meinung vertrat, der Schweizer Pass sei vielleicht nach 1992 kein Privileg mehr, sondern eher ein Hindernis (!), erklärte zusätzlich: Der EWR-Vertrag sei für die Staaten der Efta der Schlüssel zum gemeinsamen Markt der EG-Länder, einem Markt, der für die schweizerische Wirtschaft lebensnotwendig sei... Er ermögliche auch die Einfuhr jener anderen unzähligen Güter, deren wir bedürfen, die wir aber nicht selbst produzieren, von Rohstoffen über Nahrungsmittel und Heizöl bis hin zum Auto. Es sei nicht einzusehen, wie ein derart vom freien internationalen Handel abhängiges Land wie die Schweiz das Heil ausgerechnet in der "Abkapselung" von seinen wichtigsten Handelspartnern finden sollte!

Viele EU-Visionäre begründen ihre Forderung eines EU-Beitritts mit ähnlichen Albernheiten. Es ist zu hoffen, dass a.BR Friedrich trotz seines Berufes als Jurist die Wirtschaftsteile der Tageszeitungen liest; und weiter ist zu hoffen, dass er "jene anderen unzähligen Güter, deren er bedarf", nach wie vor an seinem Wohnsitz ohne Hindernis käuflich erwerben kann.

Nach einer Studie des St. Galler Zentrums für Zukunftsforschung (SGZZ) wäre der gesamtwirtschaftliche Effekt eines EU-Beitritts der Schweiz bescheiden. Das Wirtschaftswachstum würde bis ins Jahr 2000 mit jährlich 1,5 Prozent gegenüber 1,2 Prozent bei einem Alleingang nur wenig grösser ausfallen [*BaZ* 19.1.94].

Der Vorort (Schweiz. Handels- und Industrieverein), hält in seinem Jahresbericht 1986/87, S. 42 fest:

> «Vorrang der Freihandelslösung vor der Beitrittsoption: Diese noch heute gültige Entscheidung setzt unserer Mitwirkung bei den Inte-

grationsbemühungen (selbstauferlegte) Grenzen. Wie in den fünfziger Jahren kann ein Beitritt zur Gemeinschaft auch 1987 keine realistische Variante darstellen.»

Und mit Blick auf die Massnahmen der EG zur Vollendung des Binnenmarktes:

«Aber diese Wahl hat ihren Preis: Sie hat vor allem zur Folge, dass wir nicht erwarten können, die Gleichbehandlung überall und in allen Fällen zu erlangen. Bei allem Gewicht Europas und der EG für die Schweiz sollte man die Bedeutung der weltwirtschaftlichen Beziehungen der Schweiz nicht vergessen: 37% der Warenexporte gehen nach Übersee, allein 40% der Direktinvestitionen wurden in den USA plaziert. Die Universalität der schweizerischen Aussenwirtschaftsbeziehungen erlauben in den Augen des Vororts daher keine Ausrichtung der eidgenössischen Handelspolitik an der in verschiedener Hinsicht protektionistischen Praxis der EG.»

Bundeskanzler Helmut Kohl sucht den EG-Binnenmarkt mit allen Mitteln zu forcieren. In den neuen Bundesländern aber herrscht die grösste Wirtschafts- und Sozialkatastrophe der letzten 60 Jahre. Bis Mitte 1993 gingen 35% der dortigen Arbeitsplätze verloren, im Industriesektor fast 50%, zusätzlich musste in der Industrie die Produktion um 40% zurückgekurbelt werden, und in der gesamten vormals ostdeutschen Volkswirtschaft um annähernd 25%. Es war der grösste Beschäftigungs-, Produktions- und Einkommenseinbruch seit 1931, zwei Jahre vor Hitlers Griff nach der Macht.

h.- Das europäische Haus mitbauen

Nationalrätin Verena Grendelmeier (LdU/ZH) erklärte im März 1994 im Nationalrat:

"Das Haus Europa wird jetzt gebaut. Wir müssen schauen, dass wir uns einen Raum reservieren können. Sonst kann es sein, dass wir plötzlich im Hundshaus sitzen."

Wir meinen, das Hundshaus ist immer noch besser als eine baufällige Konstruktion, die uns erdrücken wird und die zudem nicht einmal über eine Ausgangstür verfügt. Baufällig und einsturzgefährdet schon deshalb, weil die "Architekten" selbst in ihrer eigenen Heimat bisher nicht in der Lage waren, ein solides "Haus" hinzustellen, in dem Ordnung herrscht.

Die Geschichte, so Delors jüngst in Brügge, berge für die EG viele Risiken, weil ein fundamentaler Widerspruch zwischen der Vorstellung von einem "gemeinsamen Haus Europa", in dem Russen, Polen, Spanier und Norweger leben, und dem Konzept einer politischen Europäischen Union (Maastricht-Vertrag) bestehe, in der die bisherigen zwölf Mitgliedstaaten eine gemeinsame Politik betreiben.

Ähnliche nichtssagende Erklärungen, wie wir sie der Nationalrätin verdanken: Man müsse dabei sein, wenn es um die Gestaltung der europäischen Zukunft gehe. Wer "gestaltet" schon Europa? Bisher war nur festzustellen, dass jedes Mitgliedsland die EG "verunstaltete", ausschliesslich Vorteile für die eigene Nation suchte, auf Kosten der anderen - und mehrheitlich auch erreichte.

i.- Alleingang / Satellisierung / Isolation vermeiden

Die Schweiz praktiziert den "Alleingang" schon seit Jahrhunderten. Ein Rückblick allein schon auf dieses Jahrhundert zeigt, dass unser Land mit grossem Erfolg diesem "Alleingang" obgelegen hat. Das Wort "Alleingang" ist aber eigentlich neuesten Gebrauchs. Es wurde gegen Ende 1990, Anfang 1991 durch EWR-Propagandisten lanciert als Mahnwort, "allein zu sein, wenn unser Land nicht dem EWR beitrete". Im Grunde fanden dies EWR/EU-Enthusiasten mangels realer Tatsachen nur inhaltslose Schlagworte zur Verheimlichung des wahren Sachverhaltes: ihren Appetit auf noch mehr zu stillen. Die Erfahrung bis 1990 und nach dem Klaustag 1992 bis heute hat überzeugend dargelegt, dass diese Heuchler, denen das Schweizervolk und die nationalen Interessen nichts bedeuten, sich auf dem Holzweg befinden und ihre Schlagworte vom "Alleingang, Isolation, Abschottung, Abkapselung, Inseldasein" usw. reine Versuche der Irreführung sind.

Dass andere Staaten der EU nicht "allein" vorwärts kommen, liegt mehrheitlich in der Mentalität ihrer Führungsschichten, die zwar mit stets offener Hand die Milliarden aus dem Brüsseler Topf entgegennehmen, ihren Völkern aber kaum am Nutzen teilhaben lassen - was die letzten zehn Jahre klar erwiesen haben.

k.- Jeder zweite Franken aus Export

"Jeder zweite Franken erwirtschaftet unser Land über seine Exportwirtschaft." Dies ist ein weiteres Werbeschlagwort der Euro-Überläufer, nicht weniger inhaltslos wie viele andere. Die Zeit seit Dezember 1992 bis heute (Ende 1994) hat bewiesen, dass der Warenverkehr mit der EG nur der dortigen Rezession wegen etwas gelitten hat, denn der Güteraustausch bestimmen und verursachen ausschliesslich die Unternehmer hüben und drüben, und nicht die Politiker und Brüsseler Bürokraten. Die Unternehmer aber sind Taktiker und richten sich nicht nach politischen Dunstbildern, sondern nach realen Vorteilen, nach Ertrags-Maximierung. Deshalb kaufen sie dort ein, wo es ihnen am dienlichsten erscheint und verkaufen an jene, die sie als zuverlässige Kunden schätzengelernt haben. Abgesehen davon ist es zweckmässig, unseren Aussenhandel immer mehr auf den amerikanischen und asiatischen Raum zu konzentrieren, was seit 1992 bereits gute Früchte erbracht hat. Der Frankenzufluss aus dem Ausland wird durch nichts eingeschränkt; immer mehr fliesst er aus der weiten Welt und nicht aus Westeuropa mit seinen wirtschaftlichen Problemen.

l.- Unserer Jugend die Welt öffnen

Die Meinung vieler EU-Propagandisten (die mehrheitlich noch nie im Ausland gearbeitet oder studiert haben dürften) fassen wir in den tendenziösen und wahrheitswidrigen Worten des Chefs des Integrationsbüros EDV/EDA, Bruno Spinner, zusammen:

> "Es gilt jetzt Lösungen zu finden für entstehende Nachteile (EWR-Nein). So der Zugang für die Jungen, Unternehmungslustigen und Lernbegierigen zum grossen europäischen Raum: Ohne Öffnung des Arbeitsmarktes und ohne gegenseitige Anerkennung von Diplomen steht die weite Welt diesen leider nicht offen" [aus Brief vom 16.12.93].

In der EU leben nur 6½ Prozent der Weltbevölkerung, 93½ Prozent draussen in der "weiten Welt", die den Jungen wie seit Jahrzehnten unbeschränkt offen steht! Für unsere Jugend gibt es somit hinreichend Plätze ausserhalb der EU, was sich der Autor zu erklären für besonders legitimiert hält. Er lebte fast 4 Jahrzehnte im Ausland und war in 38 Staaten berufstätig. Überall traf er arbeitende oder studierende junge Schweizer, die sich mehrheitlich ausserordentlich gut eingelebt hatten und weder des Studiums noch der Arbeit wegen besondere Schwierigkeiten vorfanden. Von Diskriminierung war nie und nirgends die Rede; solche Argumente kommen nur in politischen Reden vor. Die kleine Schar von Schweizer Jugendlichen, welche an ausländischen Hochschulen sich weiterbilden möchte, muss sich mit dem Hauptproblem, den dort herrschenden einschneidenden Zulassungsbeschränkungen (Numerus clausus) auseinandersetzen. Der EU-Raum weist rund 6,5 Millionen Studenten auf, und fast alle Universitäten sind übervölkert; 1,8 Millionen Studenten überfüllen allein die deutschen Hochschulen. Während derzeit rund 18'000 ausländische Studenten sich an unseren Hochschulen weiterbilden, haben sich 1992 für das Erasmus-Austauschprogramm, das den Schweizer Studenten den Zugang an EU-Hochschulen weiterhin sichert, lediglich deren 391 registrieren lassen! Jugendliche, die im EWR eine Beschäftigung suchen, sollten wissen, dass dort die Jugendarbeitslosigkeit zwischen 22% (D) und 48% (I) liegt. In Spanien haben von allen Jugendlichen zwischen 18 und 25 Jahren 36% der Ers und 51% der Sies überhaupt noch nie am Arbeitsprozess teilnehmen können. Das Stagiaire-Abkommen der Schweiz mit fast allen EU/EFTA-Staaten erlaubt unseren Jungen (zwischen 18 und 30 Jahren), in diesen Staaten eine Beschäftigung bis zu 18 Monate Dauer anzutreten. Das unserem Land zustehende Kontingent wurde bisher kaum zu einem Viertel benutzt. Gründe: Interesselosigkeit, keine offenen Stellen, zu niedrige Entlöhnung.

Der Wert einer gegenseitigen Diplom-Anerkennung ist relativ und für die Schweiz aus allgemein bekannten Gründen eher negativ als positiv. Für staatlich geregelte Berufe wie Ärzte, Zahnärzte, Architekten und Apotheker gelten bisher spezielle Bestimmungen, die durch einen EU-Beitritt weitgehend - zum Nachteil der Freiberufler wie deren Kunden - ausser Kraft gesetzt werden müssten. Umgekehrt dürften kaum tausend unserer Freiberufler den Wunsch haben, in Zukunft in einem EU-Staat zu praktizieren. Was die übrigen Berufsdiplome anbelangt, legen die Unternehmer in allen Ländern der Welt viel mehr Wert auf die Intelligenz und Berufserfahrung des Bewerbers als auf ein Diplom, das nur in den seltensten Fällen für eine Arbeitsaufnahme entscheidend ist.

B. Die verheerenden Folgen eines EU-Beitritts

EG-Kommissionspräsident Jacques Delors:

"Die EG ist ein politisches Projekt, ihr Ziel ist die Europäische Union (Maastricht-Vertrag). Über die wirtschaftliche Integration kommt es zu einer politischen Union, **was letztlich den Verlust der staatlichen Selbständigkeit der angeschlossenen Länder bedeutet**" [*GB* 20].

Im Bundeshaus wird mit dem EU-Beitritt die Verstümmelung der Eidgenossenschaft geplant. Ein Land, das einmal beigetreten ist, liefert sich auf Gedeih und Verderb den Bestimmungen und Gesetzen der EG und folglich den Entscheidungen und dem Gutdünken fremder Staats- und Regierungschefs (derzeit 12), fremden Ministern (derzeit 12) und 17 ausländischen Kommissaren aus.

«In den bundesrätlichen Integrationsberichten wie auch in anderen Studien ist nachgewiesen worden, dass ein EG-Beitritt eine - quantifizierbare - Einschränkung der Rechte des eidgenössischen Souveräns zur Folge hätte. Betroffen wären auf den dem EG-Recht unterstehenden Sachgebieten sowohl die Verfassungs- als auch die Gesetzesstufe (Initiativ- und Referendumsrechte). In geringerem Mass würden die Kompetenzen der Kantone berührt» (*aber eben doch auch!* d.A.) [*NZZ* 7.12.90].

Die EU-Mitgliedsländer begeben sich mit der Zustimmung zur EU und zum Maastrichter Vertragswerk in eine umfassende, unauflösbare rechtliche Bindung über die gesamten Bereiche der Aussen- und Sicherheitspolitik, der Wirtschafts-, Haushalts-, Geld- und Sozialpolitik hinein. Der Verzicht auf diese Souveränitätshoheiten zugunsten der EU bedeutet gleichzeitig, die wesentlichsten Kennzeichen der Staatsgewalt aufzugeben. Wenn man daran denkt, welche Sorgfalt in freiheitlichen Demokratien üblicherweise selbst kleinen Verfassungsänderungen gewidmet wird, so erscheint es doch in höchstem Masse überraschend, ja pervers, wie hier für ein Staatswesen ganz zentrale, alle Bürger unmittelbar betreffende fundamentale Änderungen geradezu "durchgepeitscht" werden sollen. Eine Regierung, die ihre Bürger mit euphorischen Schlagworten und unbeweisbaren Zusicherungen über die Gefahren einer grundlegenden Umgestaltung ihrer staatlichen Existenz und Souveränität hinwegzutäuschen versucht, hat ihre Daseinsberechtigung verloren.

Aussenpolitik, Aussenhandelspolitik, Verteidigung und Währung sind die bedeutsamsten nationalen Souveränitätsbereiche. Der inzwischen in Kraft getretene Maastricht-Vertrag sieht die Möglichkeit von Mehrheitsbeschlüssen mit bindender Wirkung für alle Mitgliedstaaten vor und impliziert damit einen weiteren Verlust nationaler Unabhängigkeit, einen zusätzlichen massiven Souveränitätstransfer an die EU [*SdZ* 16.7.93].

In diesem Abschnitt sollen die Souveränitätsverluste und -beschränkungen eines EU-Beitritts sowie die daraus sich ergebenden schwerwiegenden Nachteile und Beeinträchtigungen für unser Volk kurz umschrieben werden. Eine Vollständigkeit der Aufzählung ist ausgeschlossen, die Materie ist zu umfangreich und die in Zukunft zu erwartenden weiteren Eingriffe sind nicht voraussehbar.

1.- Vertrag auf Ewigkeit

Maastricht verursacht einen unaufhaltbaren Demokratieabbau. Der Vertrag von Maastricht enthält keine Kündigungsklausel und ist daher unkündbar. Artikel Q bestimmt lediglich: "**Dieser Vertrag gilt auf unbegrenzte Zeit**", also für alle Ewigkeit; niemand darf später aus diesem Europa austreten. Kohl und Mitterrand, zwei schlaue Führer, die sich dem politischen Ruhestand nähern, besassen die Anmassung, den nachfolgenden Regierungen und Parlamenten jegliches Umdenken verbieten zu wollen. Auch haben sie an der Gipfelkonferenz von Brüssel feststellen lassen, dass kein weiteres Land in die EU aufgenommen werde, es sei denn, es anerkenne den Maastricht-Vertrag in seiner ganzen Extension als verbindlich.

Der Wirtschaftswissenschafter, Ex-EG-Kommissar und ehemalige Rektor der London School of Economics, Sir Ralf Dahrendorf:

«In Maastricht haben Regierungschefs, die am Ende ihrer Kunst waren und eigentlich keine Zukunft mehr hatten, die Spaltung Europas beschlossen - und nicht seine Integration. Bei diesem Vertrag handelt es sich eher um eine bürokratische Verschwörung als um eine gemeinsame Ausübung von Souveränität durch demokratische Länder.» [*EGmag.* 2/93]

Der Maastricht-Vertrag ist durch dessen Unkündbarkeit wohl der massivste Eingriff (abgesehen von einer militärischen Besetzung) in die Unabhängigkeit eines Staates und das Selbstbestimmungsrecht eines Volkes und widerspricht dem ersten Satz des ersten Artikels des Internationalen Pakts über bürgerliche und politische Rechte (Dezember 1966): "Alle Völker haben das Recht auf Selbstbestimmung". Die Charta der Vereinten Nationen bekräftigt den "Grundsatz der Selbstbestimmung" mehrfach. Bis hin zur Schlussakte der Konferenz über Sicherheit und Zusammenarbeit in Europa (KSZE) vom August 1975 wird dieses Selbstbestimmungsrecht in internationalen Verträgen wiederholt neu bekräftigt.

2.- Neutralität

Ein EU-Beitritt würde unsere Neutralitätspolitik tiefgreifend tangieren. Ein wichtiger Grund für das Abseitsstehen der Schweiz ist die aussenpolitische Leitlinie der Neutralität, die seit dem 16. Jahrhundert (zunächst ohne völkerrechtliche Verbindlichkeit) von der Eidgenossenschaft als Staatswesen praktiziert wird. Seit dem Wiener Kongress und der Pariser Friedenskonferenz von 1815 ist die frei gewählte, dauernde, bewaffnete und integrale Neutralität der Schweiz völkerrechlich garantiert. Im Friedensvertrag von Versailles 1919 wurde die schweizerische Neutralität erneut bestätigt. Die schwedische Neutralität hat sich historisch als selbstgewählte Lösung in einer ausschliesslich schwedischen Entscheidung ergeben. Die Neutralität Finnlands und Österreichs hingegen wurde Gegenstand völkerrechtlicher Regelung in den nach dem Zweiten Weltkrieg mit den vier Siegermächten geschlossenen Friedensverträgen - in allen drei Fällen somit nicht mit der Neutralität der Schweiz zu vergleichen.

Der Bundesrat hatte bis zum EU-Beitritts-Gerede die gleichen Ansichten vertreten und verteidigt, weil er aufgrund der bisherigen historischen Erfahrungen der Schweiz zu der Überzeugung gekommen war, dass die "immerwährende und bewaffnete Neutralität" weiterhin das geeignete Mittel zur Sicherung der schweizerischen Unabhängigkeit darstellte" [*Integrationsbericht* BBl 1988 III 249, S.6].

Die zwölf Staats- und Regierungschefs der EG haben sich am 26. Juni 1992 in Lissabon geeinigt, dass sich alle beitrittswilligen Staaten voll hinter die Maastrichter Verträge zur Europäischen Union stellen müssten. Für neutrale Länder werde es "keinen speziellen Deal" geben. Die EU wird keinen Staat aufnehmen, der irgendeinen Teil der Maastrichter Verträge in Frage stellt. Damit ist klar, dass die Schweiz ihre "immerwährende Neutralität" bei einem EU-Beitritt aufgeben müsste.

«Der Präsident der EG-Kommission, Delors, hat die Neutralität geradezu als Hindernis der Integration bezeichnet. Ähnliche Bemerkungen, insbesondere aus dem Munde des deutschen EG-Kommissions-Vizepräsidenten Martin Bangemann, hat Österreich schon wiederholt zu hören bekommen» [NZZ 6.7.91].

Die Staaten der WEU (Westeuropäische Union der EU) sind bei einem Angriff auf einen WEU-Staat verpflichtet, "alle in ihrer Macht stehende militärische und sonstige Hilfe und Unterstützung zu leisten" (Artikel V). Nach der dem Vertrag von Maastricht beigefügten Erklärung über die WEU wird diese nun "als Verteidigungskomponente der Europäischen Union und als Mittel zur Stärkung des europäischen Pfeilers der Atlantischen Allianz entwickelt. Zu diesem Zweck wird sie eine gemeinsame europäische Verteidigungspolitik formulieren und diese durch die Weiterentwicklung ihrer operationellen Rolle konkret durchführen" (Absatz 1 der Erklärung). An einer "gemeinsamen Verteidigung" kann ja wohl ein Land nicht teilnehmen, ohne seine Neutralität aufzugeben. Zwar ist die gemeinsame Verteidigung im Maastrichter Vertrag als Fernziel definiert, aber für 1996 hat die EU einen weiteren Ausbau des Maastricht-Vertrages geplant [BaZ 25.2.94].

Seit der Bundesrat den EU-Beitritt als "strategisches Ziel" seiner Europapolitik erklärt hat, sieht er sich dem grossen Problem der "immerwährenden Neutralität" gegenübergestellt. Die Umschiffung wird geplant und zu diesem Zweck gutbezahlte, "verständnisvolle und dienstbereite" Gutachter engagiert.

«Die ewige Neutralität hat nämlich neben den vielen anderen sattsam bekannten Bedeutungen... In der akademischen Welt war die Neutralität schon früh Diskussionsgegenstand, also fragwürdig...» [G.K. in BaZ 30.3.94].

Sie haben die neue Formel bereits gefunden: Bei einem EU-Beitritt müsse unsere Neutralität nur "neu definiert" (*zu deutsch: aufgegeben*, d. A.) werden. Welch ungeheuerlicher Volksbetrug!

Eine Einmischung in die Sicherheitsprobleme anderer Staaten wäre mit einem EU-Beitritt unausweichlich, was einem totalen Souveränitätsverzicht gleichkommt, denn als EU-Mitgliedstaat hätten wir nicht mehr darüber zu entscheiden, ob ein Drittstaat internationales Recht verletzt oder nicht.

3.- Währungsunion

Währungen gehören - ähnlich wie Sprache und Kultur - zu den unverwechselbaren Charakteristiken der staatlichen Einheit und Unabhängigkeit. Sie sind gleichsam Teil der nationalen Identität. Der Wert und der Ruf einer Währung bemisst sich nicht etwa nach der Grösse eines Staates und dessen Wirtschaftsraum, sondern ausschliesslich nach dessen Wirtschaftskraft und der Disziplin der verantwortlichen Organe an der Notenpresse. Die Hoheit über die eigene Währung ist kein geringerer Teil der Souveränität als etwa die Hoheit über die eigenen militärischen Streitkräfte.

Die Schweizer Bevölkerung hätte nach 1999 keinerlei Wahlmöglichkeit mehr. Der Vertrag von Maastricht beinhaltet die endgültige und unwiderrufliche Abschaffung des Schweizer Frankens als eigenständige Währung ab 1999. Franken-Banknoten, die dann noch eine Zeitlang kursierten, wären klinisch tot. Sie hätten keinen eigenen Wert mehr, denn ab 1999 gibt es nur noch eine europäische Zins- und Geldmengenpolitik. Der Bundesrat wird den "kleinen Mann" rechtzeitig aufklären müssen, wann sein Sparkonto und andere Guthaben umgewandelt werden - ob über Nacht in einem Obrigkeitsverfahren, oder während einer Übergangszeit. Der "grosse Mann" wird seine Vermögenswerte dann schon in Dollars oder Yens umgewandelt haben.

Für Nationalbank-Präsident Markus Lusser wäre der Verlust an monetärer Autonomie ein grosses Opfer, würde doch die Schweiz u.a. die Möglichkeit, die inländische Preisentwicklung weitgehend selbst zu bestimmen, aus den Händen geben. Die nationalen Notenbanken haben bei einer Währungsunion nicht mehr die Entscheidung darüber, in welchem Umfang und zu welchen Bedingungen ihre Wirtschaft mit dem alles entscheidenden Treibstoff, dem Geld, versorgt wird.

Der Maastricht-Vertrag sieht nicht weniger vor als den endgültigen Verzicht der Nationalstaaten auf ihre Währungshoheit. Noch nie in der Geschichte hat ein Staat freiwillig, ohne Gewalt, auf diese Rechte verzichtet.

Die Einführung einer Europäischen Währungsunion bedeutet für die beteiligten Länder die Aufgabe jeglicher nationalen Souveränität im gesamten monetären Bereich. Eine für mehrere Länder gemeinsam und zentral gesteuerte Geldversorgung kann aber nur dann für alle Länder gleichermassen sinnvoll sein, wenn diese ähnlichen wirtschaftlichen Rahmenbedingungen unterliegen. Bestehen in den beteiligten Volkswirtschaften unterschiedliche Kostenstrukturen, Tarifabschlüsse, Arbeitsproduktivitäten, Inflationsraten, Zinsniveaus, Haushaltsdefizite, Steuersysteme, Aussenhandelsdaten und Zahlungsbilanzsituationen, so ist die unwiderrufliche Einführung einer gemeinsamen Währung nicht nur äusserst gefährlich, sondern geradezu verheerend.

«Es ist ein Unding, das gigantische, in der Geschichte bisher einmalige Experiment einer monetären Einheit für eine Gruppe von ökonomisch, sozial und politisch uneinigen Ländern zu wagen» [*EGmag* 3/93].

Ein EU-Beitritt der Schweiz würde sie nach Art. 9 des Unionsvertrags zwingen, an der Währungsunion auch dann teilzunehmen, wenn Parlament und Bundesrat dagegen stimmen sollten. Dazu der weltberühmte Wirtschaftswissenschafter Lord Keynes:

"Es gibt kein feineres und sichereres Mittel, die Grundlagen einer Nation umzustürzen, als die Vernichtung der Währung."

Die Schweiz würde bei einer endgültigen Europäisierung des Geldverkehrs die meisten Vorteile, die den Finanzplatz Schweiz bis jetzt auszeichneten und die negative Handelsbilanz stets auszugleichen vermochten, verlieren.

Die einheitliche Währung soll durch die für 1999 vorgesehene "unabhängige Europäische Zentralbank" (EZB) - (Europäisches System der Zentralbanken ESZB) - kontrolliert werden. Ihr unterstellt bleiben die nationalen Zentralbanken, die je ein Mitglied in die ESZB delegieren. Alle an der Währungsunion beteiligten europäischen Nationen haben ein Stimmrecht von gleichem Gewicht. Ob gross oder klein, bevölkerungsreich oder -arm, ob ökonomischer Riese oder Zwerg, traditionell stabilitätsgeneigt oder schludrig: bei jeder Entscheidung des Gremiums (EZB) hat jedes Land das gleiche Stimmengewicht. Man muss sich nur die heutige Geldwert-Wüste Europas einmal ansehen, um zu wissen, was diese Stimmengleichheit bedeuten wird. Sie funktioniert nach dem Prinzip: Alle tragen des anderen Schicksal.

Gemäss Maastricht-Vertrag, Titel VI, Kapitel 2, Artikel 105 bestehen die grundlegenden Aufgaben des ESZB in folgendem:
"- sie hat die Geldpolitik der Gemeinschaft festzulegen und auszuführen;
- sie hat die Devisengeschäfte durchzuführen, die offiziellen Währungsreserven der Mitgliedstaaten zu halten und zu verwalten. Der Maastrichter Vertrag sieht in Art. 30 des Protokolls über die Satzung des Europäischen Systems der Zentralbanken und der Europäischen Zentralbank (EZB) die Verpflichtung zur Übertragung von nationalen Währungsreserven an die EZB vor.
- sie übt das ausschliessliche Recht aus, die Ausgabe von Banknoten innerhalb der Gemeinschaft zu genehmigen, und die nationalen Zentralbanken sind erst dann zur Ausgabe von Banknoten berechtigt; die Mitgliedstaaten haben das Recht zur Ausgabe von Münzen, wobei der Umfang dieser Ausgabe der Genehmigung durch die EZB bedarf."

Die Entscheide über Währungen werden ab 1999 durch die zwölf Gouverneure der EZB getroffen; es werden nicht mehr nationale Entscheide sein. Wie "unabhängig" die Beschlüsse der EZB sein werden, verriet uns Staatspräsident Mitterrand:

«Sie (die EZB) wird nicht Herrin ihrer Entschlüsse sein. Sie wird den Auftrag haben, die wirtschaftspolitischen Entschlüsse des EG-Ministerrats auszuführen. Die Techniker der Europäischen Zentralbank sind verpflichtet, auf dem monetären Feld die Entscheidungen des Europäischen Rates auszuführen, getroffen von den zwölf Staats- und Regierungschefs» [*FAZ* 11.9.92].

Die Benennung jener Frauen und Männer, die Europas Geldpolitik bestimmen sollen, ist also weitgehend eine Frage politischen Opportunismus. Geld ist Macht, und diese suchen die EU-Politiker rücksichtslos. Es darf mit Sicherheit gesagt werden, dass die Währungsunion ein Finanzdesaster unvorstellbaren Ausmasses bringen wird; sie ist die Wahnsinnstat politischer Hasardeure.

Dass dem so ist, beweist auch der klammheimlich von Politikern dem Maastrichter Vertrag einverleibte Paragraph 73 bb. Er ermöglicht, den EU-Bürgern die Ausfuhr ihres Geldes und damit die Anlage in aussereuropäischen Währungen zu untersagen; und zwar für die Dauer von sechs Monaten, aber dies nicht nur einmal - ein Präventivartikel gegen die Kapitalflucht aus dem einheitlichen Währungsraum. Das in den EU-Vertrag aufgenommene Recht des EG-Ministerrates mit einer Mehrheit von zwei Dritteln in einer nicht genauer definierten Gefahrenlage EU-Bürgern das Recht zur Ausfuhr ihres Geldes zu versagen, erweckt unsägliche Erinnerungen an die Devisenbewirtschaftung im Nazi-Reich und in der DDR. Was aber ist das für ein Europa, das zum Handels- und Agrarprotektionismus durch Ermächtigungsgesetz zum Erlass von Kapitalverkehrskontrollen nun noch den Währungsprotektionismus verfügen kann! Für die schweizerische Bevölkerung wäre dies ein erschütterndes Erlebnis, dank des morbiden "Solidaritätsdrangs" einiger Bundesräte.

Es wäre an der Zeit, dass unsere Landesregierung die Lehren aus den EWS-Turbulenzen 1992 und 1993 zieht: Sie haben in drastischer Weise in Erinnerung gerufen, dass nach wie vor tiefgreifende Unterschiede zwischen den europäischen Partnerstaaten bestehen, realwirtschaftlich als auch finanzpolitisch. Alle historischen Erfahrungen sprechen gegen Kurszwänge oder eine Einheitswährung.

«Das Europäische Währungssystem (EWS) existiert zwar formal noch, aber nur noch auf dem Papier. Die Ausdehnung der Bandbreiten auf insgesamt 30 Prozent vermied die offizielle Abwertung. Wenn aber die Kurse zwischen zwei Währungen bis zu 30 Prozent auseinanderdriften dürfen, wird doch niemand mehr im Ernst von einem festen, stabilen Währungssystem sprechen wollen» [*WW* 4.8.93].

Nach zwölfstündigem Verhandlungsmarathon hatten sich die EG-Finanzminister, mangels anderer Möglichkeiten, auf diesen Kompromiss geeinigt. Die konservative Pariser Zeitung "Le Figaro" [2.8.93]:

«Dieser Fassadenkompromiss wurde offenbar nach einer fürchterlichen Kraftprobe, insbesondere zwischen Paris und Bonn, erzielt. Die Bundesregierung weigerte sich, die harten Tatsachen, dass heisst ihre Verantwortung für die Attacken gegen die anderen Währungen anzuerkennen. Nur die Verblendung von Bundeskanzler Kohl, ein hervorragender Politiker, der jedoch von der bewältigten Aufgabe abgenutzt ist, kann den deutschen Starrsinn erklären, die Tatsachen leugnen» [*BaZ* 4.8.93].

Der Markt hat im Herbst 1993 mit den Abwertungen des englischen Pfundes, der spanischen Peseta, der finnischen Mark, der italienischen Lira und der schwedischen Krone - weitere Währungen sind auf der schiefen Bahn - das unrealistische Konzept einer Einheitswährung schlagartig zerstört. Das bestehende EWS ist eine Ruine. England und Italien haben ihre Austritte verwirklicht, und ehe sie noch ihren Eintritt in die EG vollzogen, lösten sich Finnland, Schweden und Norwegen vom ECU. Auch Spanien und Portugal haben so kräftig abgewertet, dass dies dem Austritt aus dem EWS gleichkommt.

Eine gute Europawährung ist nicht auf dem Umweg über die mittlere Schlechtigkeit der nationalen Währungen zu erlangen. Die Ablehnung der Währungsunion ist in vielen Ländern deutlich. Am deutlichsten in den Ländern, die ihre gute, stabile Währung aufgeben müssten, wie in Deutschland, während sie in Weichwährungsländern, die noch dazu grössere Transferzahlungen erwarten können, natürlicherweise gering ist, wie zum Beispiel in Italien, wo Banknoten als Notizzettel benutzt werden.

4.- Wirtschaftsunion

Die Entwicklung der Wirtschaft bestimmen weltweit die Unternehmer. In der EG dagegen sollen Bürokraten und Funktionäre das letzte Wort haben. Gemäss Maastricht-Vertrag, Titel VI, Kapitel 1, Artikel 103, erstellt der EG-Ministerrat mit qualifizierter Mehrheit auf Empfehlung der EG-Kommission (ebenfalls nur Bürokraten) einen Entwurf für die Grundzüge der Wirtschaftspolitik der Mitgliedstaaten und der Gemeinschaft und erstattet dem Europäischen Rat (Staats- und Regierungschefs) hierüber Bericht.

Der Europäische Rat erörtert auf der Grundlage dieses Berichts eine Schlussfolgerung zu den Grundzügen der Wirtschaftspolitiken der Mitgliedstaaten und der Gemeinschaft. Machtsüchtige Politiker und dilettantische Bürokraten massen sich somit an, die zukünftige Wirtschaftspolitik in der EU zu bestimmen.

Die Wirtschaftsunion ist wie die Währungsunion für alle Länder der EU verbindlich. Eine echte Wirtschaftsunion kann aber nur entstehen, wenn nicht nur die definitive Steuerbelastung in allen EU-

Staaten gleiches Niveau zeigt, sondern zuzüglich auch Erhebungsverfahren sowie Kontrollmassnahmen vergleichbar sind und mit gleicher Unnachgiebigkeit angewendet werden. Als Vergleich mögen die jetzigen Erhebungspraktiken in Deutschland (Steuerfahndung oft nach Gestapo-Methoden) und jenen in Italien (Korruption vom Bürogehilfen bis hinauf zum Minister) dienen.

Ganz abgesehen davon, dass es niemals gelingen wird, in den EU-Staaten mit ihren dermassen auseinanderklaffenden Wirtschaften und Führungsmentalitäten ein einigermassen einheitliches Wirtschaftsgebaren zu erzwingen, neigen wir zur Auffassung, dass mit Cocktailparties, mit einer Unmenge zeitraubender diplomatischer Höflichkeiten und administrativer Leerläufe keine Wirtschaftspolitik geplant, formuliert und durchgesetzt werden kann, die mit den Zeichen und Entwicklungen der Zeit Schritt zu halten vermag.

Ein wirtschaftlich hochentwickeltes Land wie die Schweiz kann in einer Union mit Staaten, die mehrheitlich eine chaotische Wirtschaftspolitik betreiben, nur verlieren.

5.- Demokratie

Demokratie ist die Volksherrschaft, in welcher die Staatsgewalt beim ganzen Volk liegt, und sie ist als dem Menschen würdigste Staatsform anerkannt. Als Grundelemente gelten: dass die Regierung dem Parlament gegenüber verantwortlich ist, das geheime und freie Wahlrecht nach dem Mehrheitsprinzip, die regionale und kommunale Selbstverwaltung.

Sämtliche Strukturen der EG sind antidemokratisch. Die EG ist die Antithese der Demokratie, denn in ihr sind die Bürger nicht Subjekt, sondern Objekt der Politik, sie werden autoritär und totalitär regiert; die mit Staatsgewalt amtenden Minister, Funktionäre und Bürokraten sind nicht gewählt, sondern ernannt und kontrollieren sich selbst, die Bürger sind Untertanen und keine Mitgestalter der Volksgemeinschaft.

In der EG ist das demokratische Grundprinzip der Gewaltentrennung aufgehoben. Der Vertrag von Maastricht ist ein eindeutiger Beweis, dass die Regierungen der EG-Staaten eine demokratische Entscheidung der Völker Europas über die politische Union und deren Konditionen nicht wünschen. Das Maastrichter Vertragswerk schmälert die Grundprinzipien eines freiheitlichen Gemeinwesens substanziell und verletzt dadurch die Menschenwürde. Ein freiheitliches Europa ist nicht ein Europa der Oligopole und Oligarchien, auch nicht ein Europa der Bürokraten, sondern eine Föderation der europäischen Republiken, wie sie Kant in seiner wegweisenden Schrift "Zum ewigen Frieden" gelehrt hat.

Hinter den verschlossenen Türen von Maastricht von hierzu nicht legi-timierten reinen Exekutivorganen (Staats- und Regierungschefs) wurde eine Europa-Verfassung am Willen ihrer Völker vorbei präjudiziert. Natürlich wäre eine Politik ohne Volk einfacher und würde das Leben der Parlamentarier wie der Bundesverwaltung wesentlich erleichtern. Nach Artikel 189 des EWG-Vertrags dürfen "der Rat" (je ein Minister der 12 Mitgliedstaaten) und "die Kommission" (17 nationale Spitzenbeamte) Recht formulieren und erzwingen!

EG-Kommissionspräsident Jacques Delors forderte bereits "drastische Korrekturen" an den bisherigen Institutionen der Brüsseler Gemeinschaft, die die Grenzen ihrer Handlungsfähigkeit erreicht habe. Grund der Besorgnis: Zum dritten Mal übernahm nach Luxemburg und den Niederlanden mit Portugal eines der kleinen Mitgliedstaaten die halbjährige EG-Präsidentschaft. Die portugiesische Ministerialbürokratie wurde von Delors für hoffnungslos überfordert gehalten. Bis zum Lissaboner Gipfeltreffen Ende Juni 1992 wollte die Kommission Vorschläge unterbreiten, wie die bisherigen Institutionen - Kommission, Rat und Parlament - reformiert werden müssen, um eine "Europäische Union" schlagkräftig zu erhalten. Die Franzosen würden eine Lösung bevorzugen, die freilich die kleineren Länder benachteiligt: Nur die fünf Grossen - GB, D, I, F und E - sollen sich bei einer im Jahresrhythmus rotierenden Präsidentschaft ablösen.

Baron E. Crespo, Vizepräsident des EG-Parlaments:

"Die EG ist eine Anhäufung von Macht, die demokratisch nicht legitimiert ist, mit Geheimniskrämerei und dem oligarchischen Charakter der frühen Republik Venedig".

Haben Westeuropas Bürger mehr Einfluss auf die Politik der EG, als die Bürger der Sowjetunion ihn auf die Politik ihres Staates ausüben konnten? Was - ausser der politischen Gesinnung - unterscheidet die EG-Kommission von einem Politbüro; was den hinter verschlossenen Türen tagenden EG-Ministerrat von einem Zentralkomitee? Kann die Brüsseler Zentrale nationalen Empfindlichkeiten eher Rechnung tragen als der Kreml? Haben nicht auch die Bürger der EG völlig zu recht den Eindruck, ihnen würden politische Entscheidungen irgendwie von oben übergestülpt? Ein Volk in die EU zu zwängen bedeutet, ihm die wichtigsten demokratischen Rechte zu rauben. Dessen einziges Recht würde noch darin bestehen, einige EG-Parlamentarier zu wählen, die ihrerseits lediglich einer Scheininstitution angehören würden, ohne demokratische Rechte und Pflichten.

6.- Internationale Handelsverträge

Die Aussenhandelspolitik umfasst die Förderung des Handels durch eine funktionale, bi- oder multilaterale Zusammenarbeit mit dem Ausland. Absolute Souveränität in diesem Bereich ist für unsere Industrie und den internationalen Warenaustausch eine aussenwirtschaftliche Maxime.

EU-Befürworter und -Kritiker wissen sehr wohl, dass die Wirtschaftsbeziehungen unseres Landes zu allen Ländern der Welt für unseren Export/Import, für unsere Dienstleistungsbetriebe und für unsere Tourismusindustrie überlebenswichtig sind und dass wir unseren welthöchsten Wohlstand der sorgfältigen Pflege dieser Beziehungen verdanken. Als EU-Mitglied wäre die Schweiz in die gemeinsame Handelspolitik nach Artikel 113 EWG-Vertrag eingebunden. Verhandlungen über Abkommen mit dritten Ländern werden in diesem Politikbereich schon heute nicht mehr von den einzelnen EU-Staaten vorgenommen, sondern durch die mit einem "Verhandlungsmandat" des EG-Ministerrates versehene EG-Kommission durchgeführt. Die Unmöglichkeit, als EU-Mitglied weiterhin direkt Handels- und Wirtschaftsverträge mit den übrigen Staaten der Welt abzuschliessen, brächte die wirtschaftliche Grundlage unseres Landes in grösste Gefahr und Turbulenzen. Kein vernünftiger Mensch wird annehmen, dass die Brüsseler Kommissare sich so massiv und erfolgreich für unsere diesbezüglichen Belange einsetzen könnten und einsetzen würden, wie unsere eigenen, erfahrenen Fachleute.

Trotz internationaler Konkurrenz sind die vier wichtigsten Sektoren unserer Produzenten (Textil-, Uhren-, Maschinen- sowie chemische Industrie) qualitativ und innovativ führend auf den Weltmärkten. Auf die Bevölkerungszahl umgerechnet ist das Aussenhandelsvolumen der Schweiz wesentlich höher als der europäische Durchschnitt.

Ein EU-Beitritt würde nicht nur den absoluten Verzicht auf eine eigenständige Aussenhandelspolitik bedeuten: Wir hätten zusätzlich im vollen Umfang die vielen, von der EG diktierten Einfuhrbeschränkungen, Strafzölle und sogar deren Boykottmassnahmen gegenüber Drittstaaten zu vollziehen, was ausserdem unsere bisherige Neutralitätspolitik verletzen würde.

Im Februar 1993 hat die EG-Kommission Deutschland, die Niederlande und Grossbritannien verwarnt, weil sie auch nach dem 1. Januar 1993 noch selbständig mit Ländern wie China, Vietnam und Nordkorea über Einfuhrquoten verhandelten. EG-Aussenwirtschaftskommissar Brittan hatte es damals als nicht hinnehmbar bezeichnet, dass EG-Staaten Regelungen im Bereich der gemeinsamen Aussenwirtschaftspolitik selbst in die Hand nähmen [*NZZ* 8.7.93].

Die EG-Kommission kämpft um die handelspolitische Oberhoheit der EG. Sie will vom Gerichtshof der EG in Luxemburg feststellen lassen, dass Handelsvereinbarungen, die die Mitgliedstaaten vor der Gründung der EWG mit Drittstaaten getroffen haben, dank der Alleinzuständigkeit der Gemeinschaft unwirksam seien, oder zumindest nicht mit gemeinschaftlichen Beschlüssen kollidieren dürften [*SdZ* 16.7.93].

Es muss immer wieder daran erinnert werden, dass nur 6,3 Prozent der Erdbevölkerung in der EU leben und es im Jahr 2020 bloss noch vier Prozent sein werden. Wäre die Schweiz in der EU, würde Brüssel unsere Handelsabkommen mit den restlichen 93,7 Prozent der Weltbevölkerung bestimmen!

7.- Staatsfinanzen

Art. 104 b des Vertrags von Maastricht sieht vor, dass die Gemeinschaft weder für Verbindlichkeiten der nationalen Zentralregierungen noch für solche ihrer regionalen oder lokalen Gebietskörperschaften haften soll. Das ist natürlich Aberwitz und Augenwischerei. Über eine Einheitswährung fliessen alle Schulden europaweit in eine einzige Bilanz: In den EG-Geldtopf. Sein "Inhalt" wird "haften", unbeschränkt, und somit alle Bürger und Sparer Europas.

Auf die Dauer wird die Bonität der EG-Armenhäuser durch die wirtschaftlich stärkeren EG-Staaten insofern nach oben verzerrt, als in einem so engen Verbund wie einer Währungsunion damit zu rechnen ist, dass finanzpolitische Engpässe einiger Mitglieder nicht durch deren Disziplinierung oder gar deren Austritt aus der Union, sondern durch Subventions- und Ausgleichszahlungen der Stärkeren überwunden werden [*EGmag*. 4/92].

Im Juni 1993 gab es einen Wochen andauernden erbitteten Kampf zwischen den Staaten der EG um die Verteilung von umgerechnet 245 Milliarden Franken Wirtschafts- und Sozialhilfe. Wenn's ums Geld geht, dann verlieren die EG-Diplomaten ihre guten Manieren. "Der Kampf ist erbittert. Man muss sich sehr zusammenreissen, um das Gute in seinen Gemeinschaftspartnern noch zu erkennen" meinte der Botschafter eines Mitgliedstaates. Und es geht um sehr viel Geld. Geld fordern Griechenland, Spanien, Portugal, Irland; die Niederlande wollen Gelder für die Provinz Flevoland, Belgien für die Provinz Hainaut, Grossbritannien für die Gebiete wie Merseyside, Italien für die Abruzzen, Frankreich für Nord-Pas de Calais, Deutschland für die fünf neuen Bundesländer. Kanzler Kohl hatte sich vor drei Jahren zu einer sich sehr bald als Hinterlist erweisenden Geste gegenüber seinen EG-Partnern hinreissen lassen: Ostdeutschland werde die üppigen Brüsseler Subventionenfonds nicht in Anspruch nehmen, jedenfalls nicht auf Kosten anderer [*BeZ* 3.7.93].

Um die verheerende Situation der Staatsfinanzen in den EG-Ländern zu illustrieren, wollen wir aus deren Einheitstopf (ausgenommen Luxemburg) nur einige wenige Lageberichte zitieren:

Bundeskanzler Helmut Kohl hat eine "Schuldenlawine" losgetreten, die Deutschland ins Chaos stürzen könnte. Auf jeder vierköpfigen Familie lastet heute schon eine Staatsschuld von 65'000 Mark. "In spätestens drei Jahren" (1995) prognostiziert Lothar Müller, Präsident der Bayerischen Landeszentralbank, "hat sich das Staatsminus gegenüber 1989 verdoppelt". Die Schulden werden dann die Zwei-Billionen-Marke überschreiten: 2'000,000,000,000 D-Mark! Der Zinsaufwand betrug schon 1989 bereits 67,6 Milliarden Mark. 1995 wird er auf über 170 Milliarden gestiegen sein.

Roms Regierung und Parlament haben Schwerarbeit geleistet und den Staatshaushalt für 1994 verabschiedet. Dieser Etat sieht in seinen Grundzügen vor, dass wieder 135 Milliarden CH-Franken Haushaltdefizit entstehen und die Gesamtverschuldung erstmals 2 Billionen Franken übersteigt und damit 121 Prozent des BSP erreicht. Italien wird damit viermal mehr Schulden ausweisen als sämtliche lateinamerikanischen Länder zusammengenommen.

Belgien weist eine staatliche Schuldenquote von rund 130% des BIP aus, wobei für die EU-Währungsunion maximal 60% zulässig sind.

Der Bundesstaat musste 1992 rund 40% des öffentlichen Aufwandes für die Verzinsung der gewaltigen Staatsschuld aufwenden [NZZ 27.7.93].

Wim Duisenberg, niederländischer Notenbankchef, erklärte, ohne Konvergenz der Wirtschaft könne es keine Währungsunion geben. Um die holländische Staatsverschuldung, die zurzeit bei rund 80% des BIP liegt, entsprechend dem Maastrichter Vertrag allmählich auf 60% zu senken, müsse, so Duisenberg, das Jahresdefizit noch um weitere 2% des BIP reduziert werden. Selbst bei einer jährlichen Neuverschuldung von nur 1% des BIP, so rechnete der Amsterdamer Notenbankchef vor, würde die niederländische Staatsverschuldung erst im Jahre 2008 auf 60% des BIP verringert sein, wobei er ein - kaum erreichbares - durchschnittliches Nominalwachstum der Wirtschaft um 4% unterstelle [NZZ 28.4.93].

Spanien Finanzdesaster wurde durch "Weltrekorde" kompensiert: Die schnellste Zugfahrtzeit im olympischen Frühling wurde zwischen Madrid und Sevilla gestoppt, wo die neue Rennstrecke der RENFE in Weltrekordzeit entstand; in 2½ Jahren, um genau zu sein. 2½ Jahre für 470 km Hochgeschwindigkeitsschienen; für 8 komplette elektronische Stellwerke und 7'000 km Signal- und Telekom-Kabel; für 1'200 km Fahrleitungen und gut 17'000 Maste.

Die Sensation: Das britisch-amerikanische Institut für Sicherheitsfragen BASIC hat festgestellt, dass Griechenland 1992 der grösste Waffenimporteur der Welt war. Fast 3 Milliarden Franken verschleuderte dieses "arme" EG-Land in Militärausrüstungen. Hauptlieferant, neben den USA, war EG-Deutschland. Den führenden Kräften aller Schattierungen ist es natürlich bewusst, dass die grössten "Nebenverdienste" im Waffengeschäft anfallen. Wenn Bundeskanzler Kohl immer wieder erklärt, sein Land pofitiere am meisten von der EG, ist das sehr glaubwürdig, denn ohne EG-Fondsgelder sind jene selbstverschuldeten Habenichtse nicht in der Lage, sich beim mächtigen Partner mit ihren "Bedürfnissen" einzudecken. Waffen-Hauptlieferant der EG-assozierten Türkei, welches den "rühmlichen zweiten Rang" als Waffenimporteur einnimmt, ist ebenfalls EG-Deutschland [DRS 25.9.93].

Nur ein Wahnwitziger kann unterstellen, dass unser EU-Beitritt den leeren Berner Staatssäckel auffüllen könnte. Ein in die Milliarden gehende dauernde Belastung unseres Staatsbudgets wäre unvermeidbar, da die Schweiz Nettozahler sein würde.

8.- Aussen- und Sicherheitspolitik

In dem in Maastricht beschlossenen "Vertrag über die Europäische Union" wird "eine Gemeinsame Aussen- und Sicherheitspolitik eingeführt" (Titel V, J). Oberstes Entscheidungsorgan ist der souveräne "Europäische Rat". Artikel J.8:

«Der Europäische Rat bestimmt die Grundsätze und die allgemeinen Leitlinien der Gemeinsamen Aussen- und Sicherheitspolitik. Der Rat (der Aussenminister) trifft die für die Festlegung und Durchführung erforderlichen Entscheidungen auf der Grundlage der vom Europäischen Rat festgelegten allgemeinen Leitlinien.»

Nach der Botschaft Bundeskanzler Kohls und Präsident Mitterrands an den amtierenden Präsidenten des Europäischen Rats vom 27.10.1993 sollen der WEU nicht nur Streitkräfte zugeteilt, sondern es soll in ihrem Rahmen auch bereits jetzt - im Gegensatz zu den sehr viel vorsichtigeren Formulierungen im Maastricht-Vertrag - eine gemeinsame Verteidigungspolitik festgelegt werden.

In der Sicherheitspolitik soll die Westeuropäische Union (WEU) das Forum werden, das verteidigungspolitische Entscheidungen fällt und umsetzt.

Die Aussenpolitik ist, neben und über der Sicherheitspolitik, der selbstverständlichste und sichtbarste Ausdruck nationaler Souveränität.

Das totale Versagen der gemeinsamen EG-Aussen- und Sicherheitspolitik ist im Balkan-Krieg offensichtlich. Gerade die grossen Mächte innerhalb der EG disponierten und disponieren ausschliesslich nach ihren nationalen Interessen. Obwohl gerade die Bonner Regierung auf mehr Gemeinsamkeit in der Aussenpolitik drängte, fasste sie in der Jugoslawien-Krise den einsamen Beschluss, Slowenien und Kroatien anzuerkennen, bevor der EG-Ministerrat Gelegenheit zu einer solchen Entscheidung hatte. Direkt nach dem EG-Gipfel in Lissabon im Sommer 1992 brach Frankreichs Staatspräsident Mitterrand zu einer spektakulären Reise ins umkämpfte Sarajevo auf. Seinen Kollegen, mit denen er eben noch zusammensass, hatte er - trotz der bestehenden Konsultationspflicht - kein Wort gesagt.

Der ehemalige französische Aussenminister Roland Dumas:

«Die Verantwortlichkeiten Deutschlands und des Vatikans für die Beschleunigung der Krise im ehemaligen Jugoslawien sind offenkundig enorm. Die EG hat aufgrund interner Meinungsverschiedenheiten Slowenien und Kroatien auf voreilige und überstürzte Weise (auf Druck Deutschlands) anerkannt und damit die Chancen für eine Verhandlungsregelung der Auflösung Jugoslawiens vertan» [*SdZ* 21.6.93].

Ein Brüsseler Machtwort, meinte EG-Kommissionspräsident Delors, hätte genügt, um die Streitparteien in Jugoslawien zur Räson zu bringen.

Trotzdem und wider besseres Wissens fabuliert unser Aussenminister Flavio Cotti dem Schweizervolk vor:

«Heute darf man aber feststellen, dass die Hauptzielsetzung der EU in diesem Kontinent ganz eindeutig und klar erreicht worden ist» [*LNN* 10.3.94].

Nationen haben bekanntlich keine Freunde, sondern Interessen. Dass die Interessen von Bonn und Paris auf einer Reihe von Gebieten nicht mehr identisch sind, ist nicht zu übersehen. Der Währungsstreit ist nur das jüngste Beispiel. Der Krieg in Bosnien, wo Frankreich 6'000 Soldaten hat und Deutschland keine, ist die direkte Folge einer übereilten Anerkennung Kroatiens und Sloweniens, auf welche die Deutschen drängten. Dann wieder waren die Deutschen dafür, eine Ende des Blutvergiessens zu erzwingen - durch Luftangriffe anderer auf die serbischen Aggressoren [*SdZ* 14.8.93].

Die im Maastricht-Vertrag festgehaltene "Gemeinsame Aussen- und Sicherheitspolitik" würde unser Land bei einem EU-Beitritt zwingen, auf die bisherige erfolgreiche, unabhängige und souveräne Ausübung zu verzichten und uns den Entscheiden der EU-Staats- und Regierungschefs zu unterwerfen, deren Interessen mehrheitlich jenen unseres Volkes widersprechen.

9.- Freihandelsabkommen von 1972

Das Freihandelsabkommen 1972 wurde am 3. Dezember 1972 von den Schweizer Stimmbürgern als beredtes Zeichen ihrer Weltoffenheit mit grosser Mehrheit gutgeheissen (72,5% Ja, 27,5% Nein). Dieses Abkommen sichert unserem Land, wie bisher, einen fast freien

Warenaustausch mit den EG-Ländern. Dank dessen Entwicklungsklausel bestehen heute über 120 weitere Abkommen mit den EG-Staaten. Bei unserem EU-Beitritt würden sie gegen unsere Interessen alle wegfallen, denn unser Land hätte sich dann nach den EG-internen Bestimmungen zu richten und dadurch viele Nachteile in Kauf zu nehmen.

Freier Handel ist die erste Voraussetzung für Wohlstand und friedliche Zusammenarbeit.

10.- Freier Personenverkehr

Ein EU-Beitritt würde jede Beschränkung von Ausländern aus den EU-Staaten bezüglich Ein- und Ausreise, Aufenthalt, Niederlassung, Arbeitsannahme oder Berufsausübung aufheben und unser bisheriges Entscheidungsrecht abschaffen. Unsere Behörden hätten jene Einwanderer genau so zu behandeln wie die eigenen Landsleute.

Die Schweiz, das Land mit den höchsten Löhnen und der immer noch geringsten Arbeitslosigkeit und dem höchsten Wohlstand in Europa, eine der weltgrössten Finanz-, Handels- und Investitionsnationen, würde bei freiem Personenverkehr von Zuwanderern überflutet. Alle ökonomischen Untersuchungen zeigen, dass Arbeitskräfte in Länder abwandern, in denen das Lohnniveau höher ist. Wegen der freien Berufsausübung, der Möglichkeit, die Familie jederzeit nachkommen zu lassen, und der freizügigen Sozialleistungen würde die Schweiz zum wichtigsten Anziehungspunkt für viele jener Millionen Europäer, die bei sich zu Hause trotz "Europäisierung" keinen grünen Zweig wachsen sehen. Freiheit unter zivilisierten Völkern und Menschen geht aber immer nur bis dorthin, wo sie an die Freiheit der Mitmenschen stösst.

Das Scheinargument, der EU-Beitritt brächte unseren Landsleuten mehr Möglichkeiten zur Arbeit im Ausland, übersieht einmal, dass mehr als 90 Prozent der Weltbevölkerung ausserhalb der EU leben. Schweizer werden im Ausland immer Arbeit finden, wenn sie gut qualifiziert sind. Der Verfasser hält sich dank seiner weltweiten Aktivitäten berechtigt, das Gerede von dem erforderlichen EU-Beitritt zwecks Begünstigung der im Ausland Arbeit suchenden Landsleuten in die Absurdität zu verweisen.

Laut Statistischem Amt der EG (1992) ist der durchschnittliche Ausländeranteil in den zwölf EG-Mitgliedstaaten 4,2%, was 14,5 Millionen Personen entspricht. Die Schweiz weist rund 18½ Prozent, also viermal mehr aus [*NZZ* 25.6.93]. Damit die EG ihre Ausländerfreundlichkeit unter Beweis stellen und mit der Schweiz gleichziehen könnte, folgende Anregung:

Die EG beherbergt 4,2%, oder 14'500,000 Ausländer
Bei 18,5% wie die Schweiz müsste die EG 63'825,000 Ausländern
Domizil gewähren, also 49'325,000 Ausländern

zusätzlich Aufenthaltsrechte einräumen, um überhaupt mit unserem Land das Ausländerproblem behandeln zu können!

Der EU-Beitritt brächte nicht nur eine Überflutung der privaten Stellensuche. Nach EG-Bestimmungen sind EG-Bürger grundsätzlich auch als Beamte wählbar, weshalb unser Beamtengesetz entsprechend geändert werden müsste. Auch das SBB-Gesetz, wonach die Mehrheit der Bahnverwaltung aus Schweizer Bürgern bestehen muss, entfiele. Unter einem neuen Beamtenstatus würden mit unseren Landsleuten in Konkurrenz treten: Lehrer, Gemeindeverwalter, Sanitätsbeamte, Beamte in den Baudirektionen, Einwohnerkontrollen, Grundbuch, Pensionskassen, Schulverwaltungen, Lebensmittelkontrollen, öffentliche Krankenkassen, Personalämter, Verkehrsämter, Veterinärämter usw. Nur Aufgaben in Armee, Polizei, Rechtssprechung, Finanzverwaltung und Diplomatie blieben Schweizer Bürgern vorbehalten.

Die höheren Löhne in unserem Land würden durch Sozialdumping gedrückt werden. Die Arbeitsämter hätten den Ausländern die gleiche Hilfe zuteil werden zu lassen, wie den Inländern. Die Arbeitslosenversicherung gälte für sie wie für uns. Die Aufenthaltsbewilligung bliebe bei Arbeitslosigkeit bestehen. Eine Schutzklausel wegen Überfremdung ist in der EG nicht vorgesehen. Die Familienangehörigen besässen ein Aufenthaltsrecht, sofern eine angemessene Wohnung zur Verfügung stünde. Zu den Familienangehörigen zählen Ehegatten und die noch nicht 21 Jahre alten Kinder, sowie Eltern, denen der Unterhalt gewährt wird. Saisonniers und Kurzaufenthalter mit einem bewilligten Aufenthalt von bis zu neun Monaten dürften ihre Familienangehörigen sofort nachziehen lassen. Die Kosten der zusätzlichen Umweltbelastung, der zu bauenden Schulen, Wohnungen, Krankenhäuser usw. beliefen sich in die Milliarden.

Die Ausländerfrage ist nach unseren Bedürfnissen und nicht nach EG-Verordnungen zu lösen. Auch in diesem Bereich würde uns der Souveränitätsverlust schmerzlich treffen. Der freie Personenverkehr würde (fast) alle Schweizer empfindlich benachteiligen. Durch den EU-Beitritt stünden allen 345 Millionen EU-Bürgern in der Schweiz die gleichen Rechte zu (ausgenommen Wahlrecht in kantonalen und eidgenössischen Belangen) wie unseren eigenen Landsleuten.

11.- Protektionismus

Die zwei zentralen Dokumente zur Verwirklichung des EG-Binnenmarktes, das Weissbuch der EG und sein gesetzliches Pendant, die "Einheitliche Europäische Akte", klammern das zukünftige Verhältnis der EG zu den sogenannten Entwicklungsländern vollständig aus. Schon daran ist erkennbar, dass die EG ihre Märkte gegen Produkte abschotten will, soweit sie diese selbst nicht konkurrenzfähig herstellen kann, und/oder zu verhindern versucht, dass potentiell neue Konkurrenten aus der übrigen Welt entstehen. Aufgrund des landwirtschaftspolitischen Protektionismus verhindert die EG Nahrungsmittelimporte aus ärmeren Ländern der Welt.

Bis heute halten die zwölf EG-Länder über 700 nationale Importbeschränkungen aufrecht. Besonders häufig machen Madrid, Paris, Rom und Dublin von Ausnahmeregelungen Gebrauch. Frankreich behindert zum Beispiel fast die Hälfte aller Drittlandimporte durch eigene Vorschriften. Das Brüsseler Bekenntnis zur Welthandelsliberalisierung, wie es in Art. 110 des EWG-Vertrages formuliert ist, wird in der Praxis nicht befolgt.

Frankreichs Europaminister Alain Lamassoure gab die Losung: "Wir brauchen ein Europa, das uns schützt." Ein Abgeordneter, Philippe de Villiers, sprach Klartext:

«Es brennt bereits in unserem (europäischen) Haus. Die Ursache ist der weltweite Freihandel. Er ist der tödliche Virus der EG. Wir müssen zurückfinden zur Gemeinschaftspräferenz» [*SdZ* 22.2.94].

Selbst vom Vorort (Schweizerischer Handels- und Industrieverein), unlängst noch EWR-Befürworter, war zu lesen:

«... kann nur über die Uruguay-Runde dem weltweit grassierenden Protektionismus wirksam Einhalt geboten werden. Zudem liegen laut dem Vorort die anvisierten handelspolitischen Verbesserungen vor allem im Interesse von kleinen Handelsnationen wie der Schweiz, denn eine liberale und multilateral gestützte Handelsordnung schütze sie vor einseitigen Massnahmen oder Druckversuchen grösserer Handelspartner... Drittens stelle das Gatt nach der EWR-Ablehnung des Souveräns sozusagen ein multilaterales Sicherheitsnetz dar...» [NZZ 26.8.93].

Dass vorweg der Verbraucher unter dem Protektionismus leidet, ist eine Binsenwahrheit. Der Konsumentenschutz wird in der EG ohnehin nicht gross geschrieben. Erst kürzlich hat der Ministerrat den Budgetantrag der Kommission von 15 Mio. ECU (knapp 26 Millionen CHF) auf die Hälfte gekürzt [NZZ 29.7.93].

Fast an der Tagesordnung in der EG sind Protektionsverfügungen und Straf- und Dumping-Zölle für Lieferungen aus Drittstaaten. Einige wenige Beispiele:
- 30,6% Strafzoll verlangt die EG ab sofort für jedes aus China importierte Velo. Bisher belief sich der übliche Importzoll auf 47,6% [LNN 11.9.93].
- Die EG hat ihren Zolltarif für chilenische Äpfel von $ 2.46 auf $ 4.10 (+ 66%) per Karton erhöht, womit der europäische Markt für chilenische Lieferanten praktisch geschlossen wird, d. h. dass 6 Millionen Karton keinen Abnehmer mehr haben und dies zum Bankrott vieler Produzenten führen wird [Mercurio 18.6.93].
- Die Kommission führte (18.11.92) Antidumping-Zölle auf die Einfuhr von Eisen- und Stahlrohren aus Ungarn, Polen, Tschechien und Kroatien ein.
- Die Kommission verfügte die Beschränkung der Einfuhren einiger Walzstahlprodukte aus der Tschechischen und aus der Slowakischen Republik [EGmag 6/93].
- Die EG zwingt Japan aus preislichen Gründen zur Reduzierung des Autoexportes in die EG.
- Auf Drängen Frankreichs und Spaniens hat die EG ihre Grenzen für Knoblauchimporte aus China geschlossen [LNN 7.9.93].
- Bananenmarktordnung: Unter diesem Wortungetüm verbirgt sich, ungeachtet der EG-Dauerbekenntnisse zum Freihandel, der bisher dreisteste Versuch der Gemeinschaft, den Binnenmarkt gegen unliebsame Konkurrenten abzuschotten [SdZ 7.8.93]. Frankreich, Spanien und Portugal haben europäisches Recht missbraucht, um nationalen Branchen, nämlich ihren Bananenproduzenten und -importeuren auf Kosten anderer Mitgliedstaaten Vorteile zu verschaffen [SdZ 31.1.94].

Die EG-Agrarminister haben am 12.2.93 gegen die Stimmen von Deutschland, Belgien und der Niederlande beschlossen, auf Bananenimporte aus Ländern ausserhalb des EWR einen Zoll von 20% zu erheben und die Importe zu diesem Tarif auf 2 Mio. Tonnen jährlich zu beschränken. Diese Quote übersteigende Mengen sollen mit einer prohibitiven Abgabe in Höhe von 170% belegt werden.

«Spanien, Portugal und Frankreich wollen die Einfuhren der qualitativ minderwertigeren und teureren Früchte aus Madeira, den Kanarischen Inseln und den französischen Überseegebieten fördern» [*NZZ* 13.2.93].

Jene Gebiete sollen ausserdem EG-Beihilfen in Höhe von rund 350 Mio. CH-Franken erhalten.

Dieser typische EG-Protektionismus wird die lateinamerikanischen Staaten Hunderte von Millionen Dollar jährlich an Devisenverlusten kosten. Was kann die EG-Machtpolitiker das Schicksal der Völker der Dritten Welt und die Interessen der Konsumenten im EWR schon interessieren? Wichtig für sie ist lediglich, ihre Einflussmöglichkeiten zu vergrössern.

Und die Verbraucher im EWR? Künftig schlechtere Bananen zum doppelten Preis! Sie sollen den Absatz der fast doppelt so teuren "EG-Bananen" aus Südeuropa sowie Französisch-Westindien auf dem Binnenmarkt sichern. Da lohnt sich ein Blick auf die bisherige französische Marktverfassung, die nunmehr de facto der ganzen EG aufgepfropft worden ist. Ein halbstaatliches Komitee, das "Comité Interprofessionnel Bananier (CIB)" bestimmt, wieviel und welche Bananen der Verbraucher in Frankreich zu welchen Preisen erstehen darf. Ihre Produkte sind in Frankreich den Recherchen der deutschen "Zentrale Markt- und Preisberichtstelle GmbH" zufolge um bis zu 80 Prozent teurer als "Chiquitas" und "Bonitas" in Deutschland oder Benelux. Das Komitee könnte die billigere Konkurrenz aus Mittel- und Südamerika ohne weiteres zulassen, um die Preise zu senken. Aber das ist nicht sein Interesse, im Gegenteil. Sein Selbstverständnis liegt darin, die Preise hoch und die Konkurrenz draussen zu halten. Die deutsche "Zentrale", wie sie der Kürze halber genannt wird, hat ermittelt, dass die Gewinnspannen der Franzosen die ihrer deutschen Branchenkollegen um mehr als 100 Prozent übersteigen: umgerechnet durchschnittlich 1'800 DM gegenüber 800 DM je Tonne [*SdZ* 3.7.93].

Die EG ist arm an Bodenschätzen. Bei den wichtigsten Rohstoffen muss sie etwa 90 Prozent aus dem Ausland importieren, so bei Kupfer,

Eisen, Nitraten, Zinn und Blei. Die Nicht-EG-Staaten werden auf die EG-Machtpolitik mit den geeigneten Massnahmen reagieren.
Bei einem EU-Beitritt würde der von der EG praktizierte Protektionismus für die Schweiz einen weiteren, wichtigen Souveränitätsverzicht bedeuten, weil sie wider ihren Willen und ihre Praxis gezwungen wäre, gegen alle betroffenen Drittländer die Strafmassnahmen der EG anzuwenden, was unsere bisherigen guten Beziehungen zu allen Staaten der Welt schwer in Mitleidenschaft zöge. Im Gegensatz zu den Wortverdrehungen von EG-Befürwortern sind EG-Einfuhrverbote und -Beschränkungen sowie Strafzölle und Verkauf zu Dumpingpreisen Akte der Abschottung, wovon die Schweiz immer abgesehen hat.

12.- Waffenrecht

Die EG, wie jedes zentralistisch dirigierte Machtgebilde, will den privaten Waffenbesitz abschaffen. Entwaffnet würden natürlich nicht die Kriminellen, sondern ausschliesslich die unbescholtenen Bürger. Das ausserdienstliche und das sportliche Schiesswesen würden in ihrem Mark getroffen und innert kurzer Zeit verschwinden. Waffen für den Selbstschutz erwerben und besitzen würde praktisch unmöglich, für Sport und Hobby sehr erschwert.
Ein freiheitliches Waffenrecht gibt es nur in einem freien Land. Es gründet ebenso auf dem gegenseitigen Vertrauen von Volk und Regierung wie auf dem verantwortungsbewussten Umgang aller mit der Waffe. Noch ist die Waffe hierzulande Symbol des mündigen Bürgers.
[*Pro Tell*]

13.- Volksrechte (Referendum und Initiative)

Mit dem Referendum können getroffene Entscheidungen der Legislative durch die Stimmbürger zurückgewiesen werden, durch Initiativen können unterlassene Entscheidungen erzwungen werden. Von diesen Rechten wird häufig Gebrauch gemacht: 1993 kamen sechs Initiativen zustande, gegenüber vier im Vorjahr. Referenden kamen 1993 ebenfalls sechs zustande, gleichviel wie im Vorjahr [*NZZ* 5.1.94].
Bei einem EU-Beitritt der Schweiz würden diese wichtigen Volksrechte, typische Merkmale einer direkten Demokratie, insoweit un-

terbunden, als sie mit irgendwelchen Bestimmungen der EG zusammenhingen oder kollidierten. Dabei ist es unzweifelhaft, dass die wichtigsten Verordnungen für unser Land in Brüssel getroffen würden, unsere Stimmbürger somit gerade in bedeutenden Fällen ihrer Rechte entblösst wären.

Solche Gefahren bestanden bereits einmal in der Schweiz, als Bundesrat und Parlament die EWR-Problematik in ihrem Sinn zu bewältigen versuchten. Im EVD und im EDA (der Bundesräte Delamuraz und Felber) tendierte man zuerst - in sichtbarer Angst vor der Volksmeinung- dazu, den EWR-Vertrag nur dem fakultativen Refe-rendum zu unterstellen, um so die Klippe des Ständemehrs zu umgehen. Der Bundesrat redete in dieser zentralen Frage lange um den heissen Brei herum. Erst nach langem Hin und Her und tiefbetrübt rangen sich unsere Staatsspitzen zur Einsicht durch, dass seit 1977 für die Mitbestimmung des Volkes bei Staatsverträgen der revidierte Artikel 89 der Bundesverfassung gilt. Absatz 2 des Artikels regelt die Referendumspflicht bei Bundesgesetzen und Bundesbeschlüssen. Die Absätze 3-5 regeln parallel dazu die Vetorechte des Volkes bei Staatsverträgen und beim Beitritt zu internationalen Organisationen. In Absatz 5 schliesslich ist festgehalten, dass "der Beitritt zu Organisationen für kollektive Sicherheit oder zu supranationalen Gemeinschaften" der obligatorischen Abstimmung von Volk und Ständen untersteht.

Unser EU-Beitritt würde alle diese verfassungsmässigen Volksrechte ausmerzen (*wahrscheinlich zur Genugtuung einiger Bundesräte und Parlamentarier*).

14.- Parlament (Bundesversammlung)

Es ist nicht nur das Europäische Parlament, das keinen Einfluss auf die Gesetzgebung der EG hat. Auch die nationalen Parlamente werden durch das EG-Gesetzgebungsverfahren ihrer demokratischen Rechte beraubt, ihr Einfluss wird ausgehebelt. Unter dem Maastricht-Vertrag erfolgt die Kastration der nationalen Parlamente.

Unsere EU-Mitgliedschaft hätte nicht nur die merkliche Einschränkung der demokratischen Volksrechte wie Initiative und Referendum zur Folge, sondern würde auch die Gesetzgebungsbefugnisse des eidgenössischen Parlaments, also des National- und Ständerats, wesentlich beschneiden. Schon 1988 hatte EG-Kommissionspräsident

Delors in seiner berühmten Rede vor dem Strassburger EG-Parlament angekündigt, dass "bis 1995 etwa 80 Prozent der staatlichen Entscheidungen nicht mehr in den nationalen Hauptstädten, sondern in Brüssel fallen". Die Bundesversammlung könnte in all jenen Bereichen, die von der EG abgedeckt sind, keine eigenen Gesetze mehr erlassen. Auch dort, wo die EG bloss Richtlinien erlässt, die vom Parlament oder Bundesrat noch in nationales Recht umgesetzt werden müssten, wäre die helvetische legislatorische Kompetenz deutlich eingeschränkt.

In der EG steht die Gesetzgebungskompetenz dem Ministerrat zu. Seine Entscheide müssen von den nationalen Parlamenten nicht ratifiziert werden. Ein EU-Beitritt würde die gesetzgeberischen Kompetenzen beider Räte auf die Ausarbeitung von Anwendungsbestimmungen beschränken! Erstaunlich bleibt daher, dass unsere Parlamentarier scheinbar mehrheitlich ihrer eigenen "Selbstentmachtung" oder "Entmannung" zugunsten Brüssels zuzustimmen bereit sind. Dabei ist zu beachten, dass die Abstimmung der Dänen am 22.6.92 gegen die Maastricht-Verträge und der Schweizer vom 6.12.92 gegen den EWR-Beitritt sehr deutlich zum Ausdruck gebracht haben, dass der Mehrheitswille der politischen Vertreter in Parlamenten nicht dem Volkswillen entsprechen muss. Obwohl die Mehrheit der Parlamentarier für die Verträge war, war die Mehrheit der Bevölkerung dagegen.

In einem Bericht an die Räte verwendet der Bundesrat die Frage des Parlamentarismus allerdings nicht als Argument gegen den EU-Beitritt, wie sich's aufdrängen würde. Im Gegenteil, er banalisiert, ja verhöhnt diesen Begriff sogar, indem er erklärt, dass sich die zwölf Staaten der EG sehr gut mit der Gemeinschaft abfinden können und dass das EG-Parlament einen Ausgleich für die den nationalen Gesetzgebern erzeugten Verluste biete (!):

«Es muss unterstrichen werden, dass sich die Schweiz in bezug auf die repräsentative Demokratie (*die Schweiz ist keine repräsentative, sondern eine direkte Demokratie!* d. A.) in derselben Lage befinden würde wie die zwölf bereits zur EG gehörenden demokratischen Staaten. **Die der Gemeinschaft übertragenen nationalen Gesetzgebungs-Kompetenzen** würden in Zukunft im Rahmen des gemeinschaftlichen EG-Gesetzgebungssystems ausgeübt» (sic!). [*Bericht über die Stellung der Schweiz...*1988, S. 123].

Der Bundesrat verschweigt dabei, zweifelsohne absichtlich, dass bei dem "gemeinschaftlichen EG-Gesetzgebungssystem" die Entscheidungs- oder auch nur Mitentscheidungsrechte des EG-Parlaments vollkommen ausgeschlossen sind.

Gesetze werden durch den Maastricht-Vertrag noch autoritärer erlassen werden als in der früheren Sowjetunion, nach deren Verfassung der Oberste Sowjet (Parlament) der UdSSR, der in allgemeiner, unmittelbarer und geheimer Wahl zustande kam, zumindest formal zustimmen musste (Art. 108 in Verbindung mit Art. 95 der Verfassung der UdSSR vom 7. Oktober 1977).

Das EG-Parlament dagegen hat keinem Entschluss der EG-Staats- und Regierungschefs oder jenem des EG-Ministerrates zuzustimmen. Die Gipfeltagungen des EG-Parlaments, die ein riesiges Medienspektakel geworden sind, bezeichnete Jacques Delors einmal ironisch als den "grössten Ideen-Friedhof der Welt", und Helmut Schmidt beklagte dessen "kontinuierliche, ineffiziente Harmlosigkeit". Das EP ist nichts anderes als ein hochsubventioniertes Theater mit überbezahlten Schauspielern. An den Abstimmungen nehmen freitags selten mehr als 60 der insgesamt 567 Abgeordneten teil. Häufig werden Berichte oder Resolutionen mit weniger als 20 Stimmen gebildet. Der Rekord lag bisher bei elf abgegebenen Stimmen [*BeZ* 15.2.94].

Die Entscheidungsverfahren der EG kommen einem stillen, von Laien unbemerkten, aber höchst erfolgreichen Staatsstreich gleich. Sie bedeuten die Übernahme der gesetzgebenden Gewalt (Parlament) durch die ausführende Gewalt (Ministerrat = Bundesrat!). Die nationalen Parlamente sind verpflichtet, alle Richtlinien der EG in nationales Recht umzusetzen. Wer bisher glaubte, dass demokratische Regierungen durch Parlamente kontrolliert werden, muss erkennen, dass in der EG die zwölf Regierungen über den Rat ihre Parlamente kontrollieren. Der Charme Europas liegt für die Regierungen (eben auch für den Bundesrat!) in der Möglichkeit, die parlamentarische Kontrolle umgehen zu können.

Für unsere beispielhaft demokratische Schweiz ergäbe der EU-Beitritt eine unglaublich einschneidende Verminderung ihrer Hoheitsrechte, eine eigentliche Kapitulation. In der EG hat das Parlament keine gesetzgebenden Funktionen, Eckpfeiler einer Demokratie, noch ist die Regierung (Kommission) dem Parlament verantwortlich. Bisher hatte das Volk Anteil an der Regierung; alle Entscheide zur Innen- und Aussenpolitik und zum Staatshaushalt würden durch den EU-Beitritt mehrheitlich in Brüssel getroffen!

15.- Bundesgericht

In der EG entscheidet der "Europäische Gerichtshof" (EuGH) in Luxemburg letztinstanzlich über die Auslegung des gesamten Gemeinschaftsrechts. Dessen Urteile sind in jedem Fall jenen nationaler Gerichte, auch der höchsten, übergeordnet.

Das von vielen unserer Politiker (auch Bundesräte) und Journalisten gegen jede Vernunft angerufene Urteil des deutschen Bundesverfassungsgerichts vom 12. Oktober 1993 bezüglich vieler Rechtsverhältnisse innerhalb der EG ist somit irrelevant, wert- und bedeutungslos!

Die Einflusszone des EuGH war ursprünglich viel enger, bis die Machtpolitiker der EG mit ihrem Unterdrückungsgehabe auch die Rechtsprechung innerhalb der EG nach ihren Vorstellungen arrangiert hatten.

«Der Geist des Subsidiaritätsprinzips weht zwar dank den Intentionen der Gründerväter schon in den Römer Verträgen; danach geht nationales Recht vor Gemeinschaftsrecht, das nur dort zu greifen hätte, wo nationales Recht nicht genügt oder den Gemeinschaftszielen zuwiderläuft. Das supranationale Element hat im Laufe der Jahrzehnte, unter kräftiger Mitwirkung des EG-Gerichtshofes, die Oberhand gewonnen. Der EG-Gerichtshof ist durch Auslegung zur normsetzenden Instanz geworden. Vom Schutz mitgliedstaatlicher Kompetenzen ist in Urteilen des EuGH nie die Rede» [*NZZ* 29.5.90].

Das wiederum bringt mit sich, das der EuGH als europäisches Verfassungsgericht in Vertragsfragen oder völkerrechtlichen Fällen ebenso Recht spricht wie in verwaltungs-, sozial- oder zivilrechtlichen Angelegenheiten.

Der EU-Vertrag verpflichtet die Mitgliedstaaten, dafür zu sorgen, dass das EG-Recht erfüllt wird. Sie müssen alles unterlassen, was seiner Verwirklichung entgegensteht und haben sich für dessen strikte Erfüllung einzusetzen. Dies bedeutet, dass internes Recht EG-konform auszulegen und letztlich EG-widriges Landesrecht nicht mehr anzuwenden ist. Die schweizerische Bundesverfassung schliesst in Art. 113 Abs. 3 selbst für das Bundesgericht eine Überprüfung von Bundesgesetzen, allgemeinverbindlichen Bundesbeschlüssen und von Staatsverträgen, die von der Bundesversammlung genehmigt wurden, aus.

Die zukünftigen Beschlüsse von Brüssel müssten von uns tel quel übernommen werden. Sie würden Bestandteil unseres nationalen Rechts, und nicht einmal der Souverän hätte die Möglichkeit, daran etwas zu ändern. Ab sofort hätten sich Parlament, Bundesrat, die kantonalen Instanzen, die Gemeindebehörden und sogar das Bundesgericht diskussionslos Weisungen aus Brüssel oder aus Luxemburg zu unterziehen, auch wenn diese im Widerspruch zu unserer nationalen Rechtsordnung, ja sogar der Bundesverfassung stünden.

Für die Stellung des Lausanner Bundesgerichts hätte ein EU-Beitritt einschneidende Bedeutung: EG-Recht wäre unserem Bundesrecht übergeordnet. Das oberste schweizerische Justizorgan müsste also alle Bundesgesetze und die allgemein verbindlichen Bundesbeschlüsse daraufhin überprüfen, ob sie nicht im Widerspruch zu den EG-Regeln stehen.

Was das Bundesgericht und damit alle Schweizer von der EG-Rechtsprechung zu erwarten haben, erklärt uns ein berühmter und erfahrener Minister aus einem EG-Land. Norbert Blüm, deutscher Bundessozialminister,

«... warf dem Gerichtshof (EuGH) falschen politischen Eifer vor. Der EuGH missachte die gebotene richterliche Zurückhaltung (judical self-restraint), er setze Recht und wahre es nicht. Er verletze damit das Prinzip der Gewaltenteilung. Er betreibe nicht Rechtsfortbildung, sondern - teilweise contra legem - freie Rechtsschöpfung. In einem Wort: Die Rechtsprechung des EuGH habe sich zu einem politischen Machtfaktor ersten Ranges entwickelt» [*Der Spiegel* 30.11.92].

Was die Schweiz von einem nur mit ausländischen Richtern besetzten Supergericht zu erwarten hätte, kann aus einem Postulat des Urner Ständerats Hans Danioth abgeleitet werden. Darin wird dargelegt:

«Eine von der Lausanner Polizeikommission im Zusammenhang mit der Teilnahme an einer unbewilligten Demostration ausgefällte Busse von 120 Franken, die vom Kantonsgericht und auch vom Bundesgericht bestätigt wurde, ist als gegen Art. 6 der Europäischen Menschenrechtskonvention (EMRK) verstossend bezeichnet worden. Die Schweiz wurde ausserdem zu einer Entschädigung von rund 10'000 Franken an die betroffene Person verurteilt. Ich lade daher den Bundesrat ein, die Souveränität unseres Landes und der Kantone gegenüber den Europäischen Instanzen wieder herzustellen. Wir machen unsere Verfassung und unsere Gesetze vorläufig noch selbst.»

Man braucht nicht Jurist zu sein, um einzusehen, dass ein EU-Beitritt in unserer obersten Rechtsfindung einen enormen Souveränitätsverzicht auslösen würde.

16.- Kantone und Gemeinden

Bei einem EU-Beitritt hätten die Kantone mit umfangreichen Kompetenzeinschränkungen zu rechnen und ihr Recht den Brüsseler Verordnungen anzupassen. Deren unleugbare Souveränitätsverluste bagatellisieren zu wollen, käme einer bewussten Irreführung der Stimmbürger gleich. Die Kantone würden u. a. betroffen in den Bereichen Bildungspolitik (acht der zehn schweizerischen Hochschulen sind kantonal), Berufsreglementierung, öffentliches Beschaffungswesen, Staatsbeihilfen, technische und gesundheitliche Vorschriften, Medikamentenmarkt, soziale Sicherheit, Motorfahrzeugkontrolle, Strassenverkehr, Lebensmittelkontrolle, Umweltschutz (so Gewässerschutz, Luftreinhaltung, Lärmschutz, Entsorgung von Abfällen usw.), Sozialversicherungen, Kontrollbefugnisse im Wirtschafts-, Gesundheits- und Ausländerrecht, im Verfahrens- und Grundbesitzrecht und in der Gerichtsorganisation. Sodann wären diverse kantonale Monopole abzuschaffen, wie kantonale Gebäude- und Brandversicherungsmonopole. Der Abbau der föderalistischen Rechte der Kantone und Gemeinden wäre wohl am grössten und spürbarsten bei der Finanz- und Steuerpolitik.

Die Städte und Gemeinden würden in vielen der eben zitierten Sektoren ebenfalls betroffen. Dazu kommt, dass sie EU-Ausländern mit dortigem Wohnsitz den freien Zugang zu fast allen Beamtungen gewähren müssten.

Wer an die bisherigen Strukturprinzipien in unserem Lande denkt, der weiss auch, dass der Vollzug der EG-Rechtsnormen weitgehend an die Kantone delegiert werden dürfte. Das würde für die kantonalen und kommunalen Organe eine erhebliche Herausforderung sein, um so mehr als die EG-Bestimmungen sehr einschneidend sind. Dazu käme, dass zentrale Mitentscheidungsrechte der Kantone für den EG-Bereich ausgeschaltet würden. Das formelle Vernehmlassungsverfahren würde höchstens noch fallweise zum Zuge kommen. Die Umsetzung des EG-Rechts brächte eine zusätzliche Belastung des Verwaltungsapparates und damit vor allem eine bedeutende Erhöhung der Personalkosten.

Schon die Vorbereitung zum EWR-Vertrag veranlasste Bundesrat Arnold Koller, elf kantonale Arbeitsgruppen für die erforderlichen Reformen in den verschiedenen Bereichen des EWR in Kantonen und Gemeinden einzusetzen. Eine Koordinationskommission hätte die Arbeiten aufeinander abzustimmen gehabt. Ein erster Bericht dieser Gruppen umfasste bereits 324 grossformatige Seiten!

Eine Vollintegration würde die Aufgabenverteilung zwischen Bund und Kantonen und dadurch auch diejenige zwischen Kantonen und Gemeinden in einem beachtlichen Masse verändern. Der Staatsinterventionismus wäre die sichere Folge. Die bisherige Autonomie der Kantone und Gemeinden würde bei einem EU-Beitritt merklich dezimiert.

17.- Wahlrecht für EU-Ausländer

Der Maastrichter Vertrag bestimmt in Teil II., Art. 8 b:

«Jeder Unionsbürger mit Wohnsitz in einem Mitgliedstaat, dessen Staatsangehörigkeit er nicht besitzt, hat in dem Mitgliedstaat, in dem er seinen Wohnsitz hat, das aktive und passive Wahlrecht bei Kommunalwahlen, wobei für ihn dieselben Bedingungen gelten wie für die Angehörigen des betreffenden Mitgliedstaates».

In Maastricht wurde überdies ausdrücklich festgehalten, dass das kommende Wahlrecht nur als Vorstufe für das allgemeine Stimm- und Wahlrecht sämtlicher EU-Bürger im gesamten EU-Raum gedacht ist. Würde die Schweiz der EU beitreten, bestimmte Brüssel und nicht mehr der Schweizer Souverän, wer in der Schweiz stimmberechtigt ist und wer nicht [SZ 24.6.94].

(Im Kanton Genf, dessen Bevölkerung mit 78 Prozent Ja dem EWR-Beitritt zugestimmt hat, wurden 1993 zwei Vorlagen, die das Ausländerstimmrecht einführen wollten, haushoch verworfen).

18.- Wohlstand

Viele EU-Fanatiker behaupten, die Schweiz müsste der EU beitreten, um unseren Wohlstand zu erhalten und zu mehren. Nur Ignoranten der sozialen Realität oder die Bevölkerung bewusst irreführende EU-Agitatoren können einen solchen Unsinn öffentlich vortragen. Wohlstand ist nicht nur eine Frage der Beschäftigung, sondern vor allem der Arbeitsproduktivität. Der Lebensstandard eines Volkes wird auch in Zukunft primär von seiner eigenen Leistungsfähigkeit abhängen. Unsere Wirtschaftskraft ist stärker als jene der EG-Länder und wird dies aufgrund der Mentalität der Menschen auch in Zukunft bleiben. Wir haben bisher nicht von der Grossmütigkeit anderer Staaten gelebt, sondern ausschliesslich von unseren eigenen Leistungen. Es ist staatsbürgerliche Pflicht, nicht Forderungen an eine dubiose Gemeinschaft zu stellen, sondern wie bisher mit Weltoffenheit eigenes Können und Tatkraft weiter zu entfalten.

Das schweizerische Volkseinkommen stieg 1992 auf 303 Milliarden Franken an, 2,3% mehr als im Vorjahr. In allen EG-Staaten verringerten sich dagegen die Volkseinkünfte. Der Wohlstand eines Volkes lässt sich aus dem Bruttosozialprodukt (BSP) des Pro-Kopf-Einkommens ableiten. Neueste Zahlen aus den westeuropäischen Ländern ermöglichen ein sicheres Urteil und ergeben pro Kopf der Bevölkerung folgende in CH-Franken notierte Werte pro Jahr:

EG-Länder:	Belgien	28'425.-	
	Dänemark	38'895.-	
	Deutschland	34'545.-	
	Frankreich	30'570.-	
	Griechenland	9'510.-	
	Grossbritannien	24'825.-	
	Irland	16'680.-	
	Italien	27'780.-	
	Luxemburg	52'890.-	
	Niederlande	28'170.-	
	Portugal	8'895.-	
	Spanien	18'675.-	
	Im Durchschnitt		26'655.-
EFTA-Länder:	Finnland	34'470.-	
	Norwegen	38'700.-	
	Österreich	30'210.-	

Schweden 40'170.-
Im Durchschnitt 35'887.-

Die Schweiz, im Alleingang notabene (!) 54'345.-

[Quelle: Weltbank und Fischers Weltalmanach 94]

Der Wohlstand der Schweiz liegt im Durchschnitt somit **103,8 Prozent** über jenen der EG-Staaten und immer noch **51,4 Prozent** über jenen der EFTA-Länder. Gemäss einem ähnlich lautenden Bericht des Statistischen Amtes der Europäischen Union (EU) vom vergangenen Sommer erzielte die Schweiz im westeuropäischen Vergleich das grösste BIP je Einwohnerin und Einwohner, gefolgt von Luxemburg.

Die EG-Strukturfonds sind im Juli 1993 von den EG-Aussenministern um 141 Mia. ECU (243 Mia. CHF) für den Zeitraum 1994-1999 massiv aufgestockt worden. Weitere rund 26 Mia. CHF sollen aus dem von den EFTA-Ländern zu äufnenden Kohäsionsfonds den Habenichtsen zufliessen. Ab 1995 werden nicht weniger als 51 Mia. CHF jährlich grundlos die Taschen wechseln (nach dem Prinzip: die Gelder armer Menschen in reichen Ländern in die Hände reicher Menschen in armen Ländern!). Mit diesem Finanztransfer sollen die Wohlstandsunterschiede zwischen den EG-Ländern verringert werden! Kommissionspräsident Delors belehrte, das verstärkte Nord-Süd-Gefälle könne zu einem Sprengsatz für die EG werden, weil der wohlhabende Norden gar nicht so viel Hilfe leisten könne, wie der Süden brauche.

Die Schweizer haben ihr Land ohne EG zum wohlhabendsten der Welt gemacht und werden nun zur Verminderung ihres Wohlstandes von der EG, unterstützt von einigen Bundesräten und "sozial sensiblen" Parlamentarier, zum EU-Beitritt und damit als Nettozahler zur Kasse gebeten. Eine massive Wohlstandsminderung wäre unvermeidbar.

19.- **Konsumenten**

Der europäische Konsument sollte nach EG-Philosophie von der wachsenden Konkurrenz, "die Preissenkungen sowie der Verbesserung der Produktenqualität mit sich bringe", profitieren. Besorgniserregend ist jedoch, dass die EG-internen Preisdifferenzen in manchen Märkten nicht ab-, sondern zugenommen haben. Nach einer Untersuchung des EG-Konsumentenbundes BEUC nahmen in den achtziger Jahren die Preisunterschiede beim Auto zwischen dem billigsten Land (DK) und dem teuersten (GB) von 44 auf 61 Prozent zu. In der EG haben die Preise im Jahr 1993 wieder angezogen: Kräftige Verteuerungen erfolgten vor allem in Belgien, den Niederlanden und Portugal [SdZ 27.8.93].

Preissenkungen, wie sie die im Cecchini-Bericht zugrundegelegte Erwartung von Mengenwachstum durch Wegfall der nichttarifären Handelshemmnisse prophezeit wurden, sind jedenfalls bisher nirgends festzustellen. Ob die Grossproduzenten aufgrund ihrer Marktbeherrschung die Kostenvorteile an den Verbraucher je weitergeben, ist aufgrund ihrer Marktstellung mehr als fraglich. Ausserdem: Verbilligung von Produkten müssen durch arbeitseinsparende Massnahmen finanziert werden, als Arbeitsfreisetzungen oder als Einkommensverluste.

Auf die grosse Benachteiligung der Verbraucher im Lebensmittelsektor werden wir noch hinweisen. Im EG-Parlament war ein Hauptstreitpunkt die Kennzeichnung von "Novel-Food"-Produkten, die nach dem Vorschlag der EG-Kommission freiwillig sein sollte. Man stritt sich über die Kennzeichnung gentechnisch manipulierter Tomaten und Kartoffeln oder von Schweinefleisch mit menschlichem Wachstumsgen [BeZ 17.9.93]. Aber der Handel mit gentechnisch veränderten Lebewesen kann wirksam nicht mehr im EG-Raum unterbunden werden, wenn deren Herstellung in einem Mitgliedsland zugelassen ist.

Die Regulierungen - also die Festlegung von Standards - haben sich zu einer typischen EG-Aktivität entwickelt. Die meisten Regulierungen haben den Zweck, Interessengruppen Privilegien zu verschaffen. Sie beschränken den Marktzugang, schwächen den Wettbewerb und schaden so dem Verbraucher. Die Interessengruppen sind besonders auf Regulierungen aus, weil Beschränkungen des Marktzutritts für Dritte der einzige Weg sind, eigene Besitzstände dauerhaft zu wahren. Das Ausmass der europäischen Regulierung ist nicht einfach zu quantifizieren. William Peirce (*Political Economy of International Organisations*, Boulder 1991, Table 3) hat schlicht die Seiten im EG-Amtsblatt gezählt. Er berichtet, dass 78 Prozent von ihnen Interessengruppen gewidmet waren.

20.- Landwirtschaft

Alle zwei Minuten ging in den letzten Jahren in der EG ein Bauernhof in Konkurs. Das sind jährlich 350'000 Höfe und fast 900'000 weitere Arbeitslose.

1992 lagerten 20 Millionen Tonnen Getreide und 800'000 Tonnen Rindfleisch, 750'000 Tonnen Milchpulver und Butter, sowie 100'000 Tonnen Tabak in den Silos der EG. Die EG verschwendet für diesen Luxus jährlich über 60 Milliarden Franken. Von den Milliarden für die landwirtschaftliche Überschussproduktion bleiben höchstens 25-30 Prozent bei den kleinen und mittelgrossen Bauernbetrieben hängen. Das dicke Geschäft machen die Dealer, die Grossexporteure, Lebensmittelkonzerne, Genossenschaften und Lagerverwalter [*Europa* 7/92]. Vom Rest profitieren in erster Linie die kostengünstig arbeitenden Grossbetriebe.

Das EG-Agrardebakel verdankt die Zwölfergemeinschaft ihrem ehemaligen Kommissionspräsidenten Sicco Mansholt, einem holländischen Sozialisten und seinem wichtigsten Ratgeber, dem deutschen Sozialisten Mozer, welche die Weichen für eine total verfehlte EG-Agrarpolitik gestellt haben, getreu ihrer in der EG heute noch geltenden sozialistischen Ideologie. Sie dachten sich immer kompliziertere Regelungen und Vorschriften aus, um die Agrarpolitik wenigstens bürokratisch im Griff zu halten. Reglementiert sind inzwischen u. a. Preise für "runde" Tomaten oder für Heissluft-Tabak; die Verwendung von Ölkuchen im Mischfutter ist in Brüsseler Verordnungen festgeschrieben. Das schafft Arbeitsplätze in der EG-Kommission. Sie tüfteln an Richtlinien für Wein, Obst, Gemüse, Kartoffeln, Tabak, Zucker, Oliven, Fleisch und Getreide.

So gibt es bereits EG-Äpfel und EG-Gurken, und da Blumenkohl nur weisse Köpfe bildet und der würzige Brokkoli nur bläulich-grüne, verzweifelten EG-Beamte fast wegen der Zuordnung andersfarbiger Neuzüchtungen. "Rosalind", eine feinknospige, violett-blaue Sorte, bisher als Brokkoli klassifiziert, muss heute laut EG-Bestimmung als Blumenkohl verkauft werden. Der gelb-grüne "Romanesco" bereit den EG-Normern noch Kopfzerbrechen.

Nach zehnjähriger Untersuchung gelang es den EG-Funktionären, die zulässige Montagehöhe der Traktorenrücklichter im EG-Bereich zu bestimmen. Gescheitert sind bisher die Bemühungen um Richtlinien zur Zucht reinrassiger Ziegen und Schafe und zur EG-weiten Harmonisierung der Traktorenführerhäuschen. Dagegen schufen die

Eurokraten zum Segen der EG-Bauern eine Richtlinie auf 14 Seiten mit 40 Artikeln "Über vor dem Führersitz angebrachte Umsturzvorrichtungen an land- und forstwirtschaftlichen Schmalspurzugmaschinen auf Rädern", gemeinhin Trecker genannt.

Die chaotische EG-Landwirtschaftspolitik wird auch durch die unzähligen Betrügereien um Subventionierungen im Produktehandel bewiesen. In Italien stieg trotz angeblich massenhaft geschlachteter Kühe die Milchproduktion in den Betrieben auf fast das Doppelte. Die Polizei leitete auf Druck aus Brüssel Ermittlungen ein: Etwa 90% der als tot gemeldeten Rindviecher geben weiterhin fleissig Milch. In Deutschland wurden einen Tag lang sämtliche Lkw-Transporte auf dem Weg ins Ausland angehalten. In den Dokumenten waren 30% der Angaben falsch. Ein niederländischer Exporteur kassierte für 1'000 Tonnen Butter, die angeblich für die Türkei bestimmt waren, eine Ausfuhrerstattung von 4 Mio. DM. Innerhalb von 7 Jahren plünderte die Münchner Viehhandelsfirma "Imex" die Brüsseler Agrarkasse um mehr als 140 Mio. DM. Sie gab in den Zollpapieren einfach überhöhte Gewichte für das Exportvieh an. Gemessen an den Ausfuhrbeihilfen, die 1989 für Weizen gezahlt wurden, müsste Deutschland ein Land voller Getreidefelder sein. Für 884'400 Tonnen Getreide erhielten die Exporteure die besonders hohe Erstattung von DM 135.- pro Tonne, doch nur ein Fünftel stammte tatsächlich aus der BRD. Um den Betrügern auf die Schliche zu kommen, flogen EG-Kontrolleure nach Italien. Sie entdeckten, dass dort etwa ein Drittel der Olivenbäume, Grundlage für die Berechnung der Erzeugerbeihilfen, nur auf dem Papier existierte. Die griechische Regierung erklärte kurzerhand 20'000 Tonnen jugoslawischen Mais' zu griechischem und kassierte 30 Mio. DM an Subventionen. Das niederländische Landwirtschaftsministerium soll an einem Betrug im Umfang von 3½ Mia. Gulden zu Lasten der EG-Kasse beteiligt sein. Mit einem Verfahren zur Herstellung von Butter aus süssem Rahm hatten die holländischen Molkereien einen Trick gefunden, für 1 l Milch zweimal Subventionen zu kassieren. Nach den Schätzungen des britischen Oberhauses liegen die jährlichen Verluste durch Betrug mit EG-Agrarsubventionen zwischen 7 und 19 Mia. DM. "Das organisierte Verbrechen erkennt immer mehr, dass EG-Betrug ein ausgesprochen einfacher Weg zum grossen Geld ist", sagte Rieke Samson von der Staatsanwaltschaft Rotterdam.

Überleben sollten in Sicco Mansholts Agrar-Schlamassel nur noch Höfe mit mindestens 80 bis 100 Hektar Getreidefläche, mit mindestens 40 bis 60 Milchkühen oder 450 bis 600 Schweinen. Mansholt, der den Grundstein für dieses total versaute Agrar-Europa legte, rechfertigt sich heute: "Niemand hat voraussehen können, wie schlimm es einmal wird". Nicht die Brüsseler Beamten können die Agrarpolitik wirklich reformieren, sondern nur Leute vom Fach. Problematisch in der EG ist die Vielschichtigkeit der Regelungen. Allein für landwirtschaftliche Produkte gibt es 1'200 Unterteilungsmöglichkeiten, 80 davon für Rindfleisch, 400 für Milchprodukte und 25 für Weizen.

Der Agrardirigismus mit jährlich rund 2'000 Verordnungen haben das hässliche Bild von EG-Europa mitgestaltet. Die europäische Agrarpolitik ist zum Sprengsatz der EG geworden. Dies belegt u.a. der friedliche Grossaufmarsch von über 200'000 französischen Bauern in der Pariser Innenstadt, Ausdruck akuten Zornes. In den achtziger Jahren gingen in Frankreich mehr als 100'000 Arbeitsplätze in der Landwirtschaft verloren. Seit 1950 hat sich die Zahl der französischen Bauern sogar von rund 3 Mio. auf zurzeit noch 1 Mio. reduziert. Rund 300'000 Bauern haben in Rom gegen die Agrarpolitik der EG demonstriert.

Die Einfügung der schweizerischen Landwirtschaft in den EG-Agrarmarkt erscheint politisch ausgeschlossen. Es wäre mit der Vernichtung eines grossen Teils der schweizerischen Bauernbetriebe, insbesondere in den Berg- und Hügelgebieten zu rechnen. Die Schweiz müsste die gemeinsame Agrarpolitik der EG vollumfänglich übernehmen und damit die agrarpolitische EG-Leidensgeschichte mittragen und könnte keine autonome Landwirtschaftspolitik mehr betreiben, was zu einer massiven Souveränitätsbeschränkung führen müsste. Die EG-Organe werden immer eine interventionistische Landwirtschaftspolitik betreiben. Die Agrarmarktordnungen sind jetzt schon voll von behördlichen Eingriffen, namentlich von Preisregulierungen, Mengenbeschränkungen und Produktionsvorschriften.

Das Nationale Forschungsprogramm 28 (NFP 28) des Schweizerischen Nationalfonds kommt in seinem Synthesebericht, Seite 14, (August 1994) zum Schluss:

«Im Gegensatz zum Szenario GATT müssen wir im **Szenario EU** damit rechnen, dass die Schweiz alle agrarmarktpolitischen Grundsatzentscheide an die EU abtreten muss. Die Schweizer Behörde wird zum **Vollzugsorgan** für die Durchführung der Marktordnungen in der Schweiz.»

In den GATT-Szenarien wurde ein maximaler jährlicher Rückgang für die Landwirte von 1,2 Mia. CHF errechnet, in den EU-Szenarien von 4,2 Milliarden, also einen erhöhten Verlust von 3 Milliarden.

21.- Lebensmittel

Durch einen EU-Beitritt wäre der Wirtschaftszweig der Nahrungs- und Genussmittelindustrie, der einem besonders engmaschigen Netz von nationalen Vorschriften unterliegt, in mehrfacher Weise betroffen. In erster Linie ginge es um die Harmonisierung des Lebensmittelrechts, was eine Bündelung von verbraucher- und arbeitsmarktpolitischen Fragen nach sich zöge. Im einzelnen ginge es um (a) die Zulassung, Ausweitung oder Reduzierung von Lebensmittelzusatzstoffen [EG-weit etwa 2'000 zugelassene Stoffe]; (b) das Verbot, die Genehmigung bzw. Kennzeichnung bei der Bestrahlung von Lebensmitteln zur Haltbarmachung [in sechs Mitgliedstaaten ist die Bestrahlung erlaubt]; (c) die Vereinheitlichung bzw. Effektivierung der Lebensmittelkontrollen und (d) die Zulassung bzw. Deklaration von Imitaten. Dem Abbau dieser technischen Handelshemmnisse für den Nahrungsmittelbereich müssten von seiten der Konsumenten die grösste Bedeutung beigemessen werden. Nach Ansicht von multinationalen Unternehmen erschweren die zur Zeit noch bestehenden Reglementierungen, z. B. viele unterschiedliche nationale lebensmittelrechtliche Bestimmungen, den Marktzugang.

In der EG werden immer mehr Produkte verkauft, die mit Lebensmitteln nichts mehr zu tun haben. So werden in Frankreich, Irland und vor allem in Grossbritannien Wurst-, Fleisch-, Milch- oder Käseimitate frei gehandelt... Wurst aus Innereien, Bindegewebe, Knorpeln, Schlachtabfällen, vermengt mit chemischen Zusatzstoffen, Konservierungs- und Farbstoffen... das heilige EG-Prinzip des freien Warenverkehrs geht auch über die Lebensmittelqualität hinweg. In einer Patentschrift zur Herstellung von "Milchersatz aus diversen Abfällen und Milchrückständen" heisst es wörtlich:

«Flüssige Nachprodukte der Molkereien werden mit bearbeiteten Schlachtabfällen, Lederabfällen, Abfällen der Fleisch- und/oder

Fischindustrie, aber auch mit Kartoffelschälabfällen oder künstlich gezüchteten Einzellern vermischt und mit Säuren verrührt.»

Die künstlichen Lebensmittelzusatzstoffe werden auf den Verpackungen nur durch für den Konsumenten unverständliche Kürzel mit der Bezeichnung E 100 bis E 480 angegeben. Die Genprodukte werden in gesunde Naturkost umgelogen [*Spiegel* 7/92].

In der EG geht es oft buchstäblich um die Wurst. Als die Deutschen vor einigen Jahren ihre Reinheitsgebote für Wurst- und Fleischwaren sauberhalten und Würste mit bestimmten Ersatzstoffen aus Milch-, Ei- oder Eiweissstoffprodukten aussperren wollten, klagte die EG-Kommission beim EG-Gerichtshof (EuGH), der sie prompt bestätigte - die Wurstimitate. Nach der Rechtsprechung des EuGH und der Mitteilung der Kommission zum gemeinschaftlichen Lebensmittelrecht kann Deutschland (bei einem EU-Beitritt natürlich auch die Schweiz) die Einfuhr nicht zugelassener Lebensmittel grundsätzlich dann nicht verweigern, wenn sie in einem anderen Land der Gemeinschaft rechtmässig hergestellt und in den Verkehr gebracht worden sind. Für die westdeutschen Hersteller gelten allerdings weiterhin die Rezepturen, die im Einklang mit dem heimischen Lebensmittelrecht stehen und oftmals höheren Qualitätsansprüchen genügen müssen. Die Bundesvereinigung der Deutschen Ernährungsindustrie e.V. (BVE) sieht angesichts der Rechtsprechung des EuGH und der besonders umfangreichen lebensmittelrechtlichen Vorschriften in Deutschland eine Benachteiligung der bundesrepublikanischen Nährmittelhersteller, die zu einer Umkehrdiskriminierung mit schwerwiegenden Wettbewerbsverzerrungen führt. Die Anwendung des Grundsatzes der gegenseitigen Anerkennung nationalstaatlicher Vorschriften stellt wohl den gravierendsten Eingriff im Lebensmittelrecht dar.

«Produkte aus den Nachbarstaaten: Radioaktiv bestrahlter Fisch, Lebensmittel mit zum Teil krebserregenden Konservierungsstoffen, künstliche Milch und Fleischprodukte... da werden nicht nur Sojabohnen verarbeitet, sondern auch Knochenmehl und Fleischabfälle. Doch als Mitglied der EG werden wir fortan halt damit leben müssen, mit den übelsten Fabrikaten europäischer Lebensmittellieferanten überschwemmt zu werden: Schokolade aus Pferdeblut, Keksen, in denen gemahlene Rinderhufe und Geflügelfedern verarbeitet wurden...» [*Wochenend* 34/92].

Konkrete Beispiele: Die spanische "Gänseleber" ist eine Mischung aus Schweinefett und magerer Entenleber, also etwas ganz anderes als in Frankreich. In Italien werden oberirdisch wachsende Pilze als "Trüffel" verkauft. Holland und Belgien fügen dem Schinken legal Phosphate zu, die seine Feuchtigkeit erhalten. Nur in D, F und GR sind Speiseeishersteller angewiesen, ausschliesslich auf der Basis von Milchprodukten zu arbeiten. Belgier und Engländer hingegen mischen ausserdem auch Pflanzenfette darunter. Die Dänen dürfen ihren Lachs durch Ionisierung acht Wochen frisch halten, Franzosen aber nicht, hier muss er nach drei Wochen gegessen sein. Englische Würste enthalten nur 60 Prozent Fleisch, dafür 12 Prozent Mehl. Die Dänen wiederum schnipseln straffrei Schweineschwarten hinein. In Deutschland mussten im April 1994 Warenhäuser über eine halbe Million Gläschen Babynahrung sofort aus dem Verkauf zurückziehen, weil darin das Pestizid "Lindan" den zulässigen Grenzwert sechsfach übertraf. Herstellerland: EG-Spanien. In der Schweiz ist die Anwendung von Lindan seit 1972 verboten [*BaZ* 7.4.94].

Gentechnisch manipulierte Kartoffeln und Tomaten dürfen sich nach einer EG-Verordnung demnächst mit dem Bio-Gütesiegel schmücken. Im Anhang der Verordnung 207/93 über den "ökologischen Landbau" werden alle für den Herstellungsprozess zulässigen Zutaten aufgeführt - darunter auch "genetisch veränderte Mikroorganismen". Für die Europaparlamentarierin Hiltrud Breyer wird durch die ökologische Kennzeichnung gentechnisch manipulierter Erzeugnisse "die Verdummung der Verbraucher auf die Spitze getrieben". Gleichzeitig wehren sich die Produzenten dagegen, diese Produkte auf dem Etikett so zu kennzeichnen, dass sie für den Konsumenten als gentechnisch behandelt erkennbar sind [*Spiegel* 7/93].

In dieses "Europa der Panscher" wollen uns EU-besessene Bundesräte hineinführen.

22.- Strassentransit

Anfang Dezember 1991 hat Bundesrat Adolf Ogi mit Zustimmung des Gesamtbundesrates das Transitabkommen mit der EG paraphiert. Es umfasst 47 Seiten. Es steht fest, dass die Schweiz nach einem EU-Beitritt die vereinbarten Limiten an die EG-Normen anzupassen hätte. In Artikel 10 des Abkommens sind höhere Grenzwerte für LKWs festgeschrieben.

Das Transabkommen mit der EG, auf 12 Jahre befristet, kann erneuert werden, wenn es unserem Land in jeder Hinsicht zusagt; im übrigen hat sich die EG dann an unsere Richtlinien zu halten, und nicht umgekehrt. Ohne EU-Beitritt gibt es keine 40-t Laster, wenn wir nicht wollen, weder jetzt noch in Zukunft!

Mit dem Bau der NEAT, deren Kosten entgegen offizieller Schätzung über 30 Mia. Franken liegen wird und deren Konstruktion nur die EG, nicht aber unser Land benötigt, steuert jeder unserer Haushalte 12'000 Franken bei, und der anschliessende Zinsendienst erfordert für lange Zeit (mindestens 40-50 Jahre) 800 Franken jährlich pro Haushalt. Und diese nationalen Opfer ausschliesslich für ausländische Transportunternehmer! So fahren die Lkw deutsche Kartoffeln zum Waschen nach Italien oder friesische Krabben zum Pulen nach Polen. Belgische Schweine werden in Parma zu Schinken, bayrische Milch wird dort zu Käse. Und alle Güter kreisen noch einmal als Fertigprodukt durch Europa bis zum Verbraucher. Inhalt und Bestandteile eines Joghurtbechers der Stuttgarter "Südmilch" haben schon 7'695 Kilometer durch Europa hinter sich, ehe die "Landliebe" im Regal steht [*Der Spiegel* 9/94].

Die EG drängt wiederum auf die Abschaffung der mengenmässigen Strassenverkehrsbeschränkung und die Anhebung des Lkw-Gewichtslimits auf Europa-einheitliche 40 Tonnen. Gegen die Verwandlung der Schweiz in eine EG-Transitrollbahn können wir uns jedoch nur als selbständiges Land wehren, als EG-Anhängsel nicht mehr. Bei den zwei Alpenländern Österreich und Schweiz ist der Fall klar, weil sie die wichtigsten Verbindungsstrassen zwischen dem Norden und dem Süden der EG unter ihrer Kontrolle haben und Brüssel im Hinblick auf die Verdoppelung des Handelsvolumens bis ins Jahr 2000 den Bau neuer Transversalen unbedingt benötigt. Es reicht jedoch nicht aus, Trümpfe zu haben, man muss sie auch auszuspielen verstehen.

Nach einem EU-Beitritt würde der auf 12 Jahre abgeschlossene Transitvertrag seine Gültigkeit verlieren. Bis zum Jahr 2000 wird sich der Transitverkehr in manchen Regionen verdoppeln oder verdreifachen. Ein eigentlicher EG-Transitterror würde sich herausbilden. Das Nacht- und Sonntagsfahrverbot für die schweren "Brummis" würde aufgehoben, und die 40-Tönner hätten freien Durchlass. Der Umstieg auf den Huckepackverkehr könnte nicht mehr erzwungen werden, sondern es stünde den Lkw-Fahrern frei, für die gesamte Durchfahrt die Strasse zu benützen. Die NEAT erwiese sich damit als "für die Katz"!

23.- Arbeitnehmer

Viele einflussreiche Sozialdemokraten und Gewerkschaftsfunktionäre versuchen, ihre Gefolgschaft glauben zu machen, dass die Schweiz unbedingt der EU beizutreten habe. Ausser Schlagworte und leeren Phrasen können sie ihren Gläubigen aber keine konkreten Gründe für ihre EU-Euphorie vortragen. Zudem verschweigen sie ihren Adepten, dass die Sozialpolitik in der EU bis heute ein unterentwickeltes Stiefkind geblieben ist; ein schönes Lippenbekenntnis.

Die Sozialgesetze in den verschiedenen Ländern haben sich in vielen Jahrzehnten entwickelt. Sie widerspiegeln die historischen, wirtschaftlichen und kulturellen Gegebenheiten eines Landes und können nicht einfach durch einen Federstrich harmonisiert werden.

Die EU wird niemals ein "Arbeiterparadies" werden. In der EG-Kommission herrschen andere Vorstellungen. In einem Untersuchungsbericht kommt sie nämlich zum Ergebnis, dass Wirtschaftswachstum und die Schaffung von Arbeitsplätzen in der EG schon seit Jahren durch strukturelle Faktoren - etwa zu hohe Soziallasten- stark behindert würden. In Kopenhagen hielt EG-Kommissionspräsident Jacques Delors fest, dass die Arbeitskosten für die Unternehmen zu senken seien, sollen sie ihre Wettbewerbsfähigkeit wiedergewinnen [*SdZ* 23.6.93]. Absoluter Vorrang für ihn und seine EG-Kollegen hat die Wirtschaftsintegration; dagegen sind soziale Vorschriften, Arbeitnehmerrechte, Umweltvorschriften usw. nur eine Behinderung der Wirtschaft.

Die EG arbeitet sich in ihrem sozialpolitischen Streben seit Jahrzehnten mühsam von Worthülse zu Worthülse voran, von einer 1972 avisierten "Europäischen Sozialunion" über die 1987 in den EG-Vertrag aufgenommene Möglichkeit eines "sozialen Dialogs" und dem etwa gleichzeitig erfundenen Begriff des "Europäischen Sozialraums" bis zu dem Modewort "soziale Dimension".

Die Einseitigkeit der EG-Politik zugunsten von Wirtschafts- und Wachstumsförderung und das Übergewicht der Arbeitgeberorganisation (UNICE Union des Industries de la Communauté Européenne) ist im täglichen Leben offensichtlich. Der Europäische Gewerkschaftsbund (EGB) dagegen ist ein kraftloses Gremium geblieben, und die politisch und ideologisch unterschiedlichen nationalen Gewerkschaftsverbände tragen das Ihre zu dessen Ohnmacht bei.

Ausserdem: Soweit es den sozialen Schutz der Arbeitnehmer, Kündigungsschutz, Mitbestimmung, Beschäftigung von Arbeitnehmern ohne EG-Staatsangehörigkeit und die Arbeitsmarktpolitik betrifft, können Entscheidungen nur einstimmig - ohne Grossbritannien - getroffen werden. Premierminister Major nannte in Kopenhagen die sozialpolitischen Richtlinien der EG ein "Job-Vernichtungsprogramm" [*EGmag* 6/93]. Beschlüsse können leicht blockiert werden. Dazu kommt, dass die meisten der in 30 Artikeln niedergelegten Bestimmungen der EG-Sozialcharta rechtlich nicht einklagbar und auch nicht quantifiziert sind. Sozialpolitische Massnahmen werden somit - wenn überhaupt - nur selten beschlossen werden können. Die "soziale Dimension Europas" - ein schönes Schlagwort, aber inhaltsleer.

Schweizer Arbeitnehmer hätten in der EG nur Lohnreduktionen und Dezimierung ihrer Rechte zu erwarten. Dazu käme laut Integrationsbericht vom November 1990:

«Die finanziellen Konsequenzen einer vollständigen Übernahme des EG-Rechtsbestandes in die Sozialversicherung können noch kaum beziffert werden, doch wären die zusätzlichen Finanzlasten sicher gross (*viele Milliarden*, d. A.) Dies hauptsächlich wegen des erweiterten Leistungsexports und der Abschaffung der Karenzfristen» (Fristen, nach deren Ablauf die Versicherten Leistungsansprüche geltend machen können).

24.- Rechte der Frau

Der EG-Gerichtshof (EuGH) hat kürzlich ein Nachtarbeitsverbot der Frauen, wie es auch in der Schweiz besteht, als gegen die Gleichberechtigung der Geschlechter verstossend bezeichnet. Bei einem EU-Beitritt hätte sich unser Land diesem sozialen "Fortschritt" anzupassen. Aber halt: unser Bundesrat, unterstützt von der Mehrheit der Parlamentarier, plant trotz dem EWR-Nein als Vorleistung an die EG eine Gesetzesanpassung, um unsere Frauen jetzt schon an die "Eurokonformität" zu gewöhnen.

Inzwischen hat die EG-Kommission gegen Frankreich, Belgien, Griechenland, Italien und Portugal beim EuGH ein Verfahren eingeleitet, um das von jenen Ländern aufrecht erhaltene Nachtarbeitsverbot für Frauen zu Fall zu bringen - was andererseits den systematischen Souveränitätsverlust der EG-Staaten offenbart.

Der EU-Beitritt würde unter dem Aspekt der Gleichbehandlung der Geschlechter keine Barauszahlung der Freizügigkeitsleistung an unsere Frauen, die heiraten und ihre Erwerbstätigkeit aufgeben, mehr erlauben. Eine Barauszahlung könnte nur erfolgen, wenn die betreffende Frau die Schweiz und den EG-Raum definitiv verliesse!

Auf dem EG-Papier werden die Frauen zwar bessergestellt, trotzdem entsteht in Wirklichkeit das "Herrenhaus Europa". In den EG-Gremien sind Frauen so gut wie nicht vertreten. Von den 17 EG-Kommissaren sind nur 2 Frauen; von den 22 Generaldirektionen ist nur eine von einer Frau besetzt (dem EG-Sprachdienst); nur 20 von 518 Abgeordneten im EG-Parlament waren weiblichen Geschlecht, EG-Richtlinien hin oder her.

25.- Umwelt

In dem 1985 publizierten EG-Weissbuch zur Vollendung des Binnenmarktes ab 1993 kommt das Wort Ökologie nicht einmal vor, ebensowenig im Bericht (EG-Bibel) des Sonderbeauftragen Paolo Cecchini. Erst 1988 gab die EG-Kommission einen Umweltbericht in Auftrag. Er lag ein Jahr später vor, wurde aber zur geheimen Verschlusssache erklärt, weil das Urteil der Fachleute niederschmetternd und vernichtend war.

Im Umweltschutz passt sich die EG dem rückständigsten Land an und fördert sogar in vielen Teilen des EG-Raums Naturzerstörungen. In Portugal finanziert die EG die Monokultur des schnellwachsenden Eukalyptus. Der durstige Eukalyptus laugt den Boden aus und bedroht die kärgliche Existenz der Bergbauern, weil Obst- und Gemüseanbau dort kaum mehr möglich ist. Dagegen füllt der Eukalyptus die Kassen von Waldbesitzern und Papierfabrikanten.

In Spanien wird aus Brüsseler Kassen der Ausbau der Autobahnstrecke finanziert, die San Sebastian und Pamplona miteinander verbinden soll und dabei den unberührten Naturpark Leitzaran durchschneiden wird.

In Griechenland klagen die Umweltschützer über die Zerstörung international anerkannter Naturreservate und Vogelschutzgebiete, wo Hilfsgelder aus Brüssel den Bau von Fischzuchtstationen und Staudämmen zur Energiegewinnung finanzieren. Durch diese Eingriffe wurden im Dreiländereck Albanien, Griechenland und Jugoslawien, wo rund 250 verschiedene und 20 durch eine EG-Richtlinie besonders geschütze Vogelarten vorkammen, diese tödlich getroffen. 60'000 Bäume liess die Athener Regierung fällen, Dämme bauen, Wege asphaltieren und Bäche regulieren. Der offensichtliche Verstoss gegen die EG-Vogelschutz-Richtlinie wurde aus dem Mittelmeer-Programm der EG finanziert. Die Milliarden aus Brüssel dienten allein dem Ziel, das wirtschaftliche Wachstum in diesen unterentwickelten Regionen anzuregen. Das Geld beschert den Ländern einen Bauboom ohnegleichen. Tiefe Wunden werden in die Landschaften gerissen, gewaltige Erdmassen verschoben. Das geschieht nicht nur gegen alle Regeln der ökologischen Vernunft, sondern fast immer auch gegen geltendes EG-Recht: Die Umweltverträglichkeit der Grossprojekte wird nicht genug geprüft, die betroffenen Bürger werden nicht angehört, umweltfreundliche Alternativen gar nicht erst erwogen. Entscheidend für die Entwicklungsprojekte sind mehrheitlich die Interessen lokaler Baulöwen oder überregionaler Baukonzerne. Und seit die Mittel aus Brüssel fliessen, fährt so mancher Kleinstadtbürgermeister, der Aufträge für Kläranlagen und Strassenbau zu vergeben hat, einen Mercedes. Es fehlt im EG-Europa offiziell nicht an Lippenbekenntnissen zur Umwelt, aber die Praxis sieht dann ganz anders aus.

Noch einige Beispiele: Der Bau von Foststrassen im Braunbärenrefugium der französichen Pyrenäen; den Bau einer langen Röhre für das Einleiten ungeklärter Abwässer ins Meer an einer Stelle der Küste Schottlands, wo Delphine sich fortpflanzen. Und in Französisch-Guayana soll mit EG-Hilfe der einzige noch existierende grössere Urwald der EG-Länder durch ein umfangreiches Strassenbauprogramm erschlossen und kommerziell nutzbar gemacht werden.

Die Schweiz hat viel fortschrittlichere Umweltvorschriften als die EG. Im August 1990 erliess der Bundesrat eine Verordnung über Getränkeverpackungen, die ein Verbot von PVC-Flaschen und Recycling- und Entsorgungsvorschriften für Aluminiumdosen, Glasgebinde sowie PET-Flaschen vorsah. PVC gehört gemäss EG nicht zu jenen Produkten, bei denen die Schweiz ihre strengeren Umweltschutzmassnahmen aufrechterhalten könnte. Das Schweizer PVC-Verbot

müsste bei einem EU-Beitritt, wie viele weitere Bestimmungen, geopfert werden.
Fast alle Umweltnormen der Schweiz sind restriktiver als jene der EG. Es käme hier zu einer Angleichung nach unten, denn in Wirklichkeit fristet der Umweltschutz in der EG weiterhin ein Mauerblümchendasein am Rande grandioser Wirtschaftsfreiheitspläne.

26.- Forschung

Die vom ehemaligen EG-Kommissionspräsidenten Gaston Thorn 1981 vorgeschlagene EG-Forschungs- und Technologiegemeinschaft konnte bisher nicht in gewünschtem Umfang realisiert werden. In seiner Bilanz hat Forschungskommissar Pandolfi 1990 zugegeben, dass die EG ihr Ziel - Verringerung des europäischen Technologierückstands - nicht erreicht habe. Die grösste Forschungsstelle der Gemeinschaft liegt im italienischen Ispra, nicht unbedingt eine erfolgsgesegnete Milliarden-Investition.
Über den Erfolg der "Esprit"-Forschungsprogramme sind die Meinungen bis heute geteilt; manche Fachleute kritisieren, dass die reichlich subventionierten Vorhaben nur wenig verwertbare Produkte gebracht hätten. Mit dem 1984 dem Betrieb übergebenen Atomreaktor im britischen Culham (*schon je davon gehört?* d. A.) soll die kontrollierte Nutzung der Kernfusion erforscht werden.
Gewisse Brüssel-Anpasser versuchen, den Stimmbürger glaubhaft zu machen, unser EWR-Nein hätte u. a. den grossen Nachteil, dass die Schweiz jetzt von den EG-Forschungsprogrammen eliminiert sei.
So stellte sich kürzlich Antonio Thaormina, Sprecher des Vereins Schweizer Maschinenindustrieller (VSM) an die Medien-Klagemauer und jammerte, wir hätten jetzt "keinerlei Möglichkeit mehr, die Richtung des EG-Forschungszuges zu bestimmen". Leider hat uns Herr Thaormina nicht verraten, wann wir je im Anschluss an unser EG-Forschungsabkommen von 1986 die "Richtung des Forschungszuges der EG" bestimmt haben. Thaormina weiter: Von den Schweizer Vertretern seien zwar noch Vorschläge sowohl der Hochschulen wie der Industrie eingebracht worden. "Aber die sind jetzt in den unteren Schubladen, wenn nicht gar im Papierkorb gelandet." Den EG-Delegierten geht es somit offenbar nicht um Forschung, sondern um die Pflege von nationalen Emotionen! Sonst würden sie sorgfältiger mit wissenschaftlichem Material umgehen. Thaormina: Politisch

seien die Türen aber seit der EWR-Abstimmung vom 6. Dezember geschlossen. Wir seien aus den Management-Komitees "hinausgeschmissen"(!) worden. Hoffentlich hat Herr Thaormina nicht vergessen, den Scheck über 477 Mio. CHF, welche der Bundesrat als ersten Beitrag an das EG-Forschungsprogramm 1994/98 bewilligt hat, wieder einzustecken, um ihn im eigenen Land würdigeren Forschern zur Verfügung zu stellen. Übrigens: Wir warten noch auf ein Verzeichnis von Herr Thaormina über jene bisherigen EG-Forschungsergebnisse, die unsere Industrie und unser Gewerbe massgebend begünstigen.

Die EG-Kommission hat die Leitlinien und die Haushaltsausstattung des Vierten EG-Rahmenprogramms Forschung und Entwicklung (1994-98) vorgelegt. Vorgesehen sind Ausgaben in Höhe von 13,1 Milliarden ECU (= 21 Mia. CHF/ 4,2 Mia CHF pro Jahr). Mengenmässig gesehen spielt die EG-Forschung eine untergeordnete Rolle, denn das EG-Forschungsbudget macht lediglich 2% der gesamten EG-Aufwendungen aus (in der Schweiz wird das Mehrfache pro Jahr investiert!). Die internationale Spitzenforschung weiss aber genau, wo interessante Partner zu finden sind. Dies illustriert das Beispiel des Forschungszentrums für Supercomputer-Software, welches die japanische Firma NEC vor wenigen Monaten am Centro svizzero di calcolo scientifico der ETH in Manno bei Lugano eröffnet hat. Auch die Schweizer Chemie ist nur am Rande an EG-Forschungsprojekten interessiert; ihre Forschung steht mit weit über 6 Milliarden Franken jährlich auf sehr starken eigenen Beinen [*NZZ* 30.6.93].

Sehr aufschlussreich und die Phrasen der EU-Befürworter widerlegend, ist die die Realität wiedergebende Verlautbarung des Bundesamtes für Bildung und Wissenschaft (BBW):

«Das Nein zum EWR hat die Teilnahmebedingungen für Schweizer Forscherinnen und Forscher an EG-Programmen erschwert, aber durchaus nicht verunmöglicht. Diese werden nun über bilaterale Verhandlungen angestrebt. Trotz der erschwerten Bedingungen ist das Schweizer Engagement im Bereich der EG-Programme so intensiv **wie nie zuvor**. Gegen 300 Projekte im Gesamtbetrag von 162 Millionen Franken wurden seit Anfang 1993 bei der EG eingereicht. Mehr als 140 Gesuche wurden von Brüssel bereits akzeptiert. Die Erfolgsrate der schweizerischen Gesuche ist laut BBW überdurchschnittlich hoch» [*NZZ* 6.9.93].

Ausserdem: Aus der EG-Forschung ist bisher nicht ein einziger Nobelpreisträger hervorgegangen. Dagegen weist die Schweiz an Nobelpreisträgern eine Dichte auf wie kein anderes Land (auch dies im "Alleingang", notabene!).
Es ist nicht einzusehen, welchen Vorteil der EU-Beitritt für unser Land im Sektor Forschung bringen könnte. Das Gegenteil ist der Fall; die EG-Länder würden von der Überlegenheit der Schweizer Forscher profitieren. Ein EU-Beitritt würde zudem viele Nicht-EG-Länder veranlassen, auf die Mitwirkung unseres grossen und renommierten Forschungspotentials zu verzichten.

27.- Bauwirtschaft

In der EG müssen alle grösseren öffentlichen Aufträge gemeinschaftsweit ausgeschrieben werden. Nach unserem EU-Beitritt könnten dann ausländische Unternehmen mit ihren billigeren Arbeitskräften und kostengünstigeren Organisationen aus dem europäischen Süden auf unserem Markt mit Erfolg konkurrieren. Nach einer Richtlinie des Weissbuchs sollen heimische Anbieter nicht mehr bevorzugt werden.
Sachlich bezieht sich die EG-Baurichtlinie auf Bauvorhaben mit einem geschätzten Auftragswert von 5 Mio. ECU (etwa 8 Mio. CHF) und mehr. Die von der EG erlassenen Submissionsverordnungen sind schwerfällig, die Verfahren sind äusserst kompliziert und führen zu einer "Diktatur der Funktionäre".
Die schweizerischen Baumärkte sind bis heute durch vorwiegend gewerbliche Unternehmen gekennzeichnet. Diesen würden im europäischen Rahmen voll integrierte Grossunternehmen gegenüberstehen, was ein Trend zu Total- und Generalunternehmerverträgen ergeben müsste. Unser seinerzeitige EWR-Chefdelegierte Franz Blankart behauptete, unzutreffend wie fast immer, für die Schweizer Bauwirtschaft bringe die EG-Verordnung ein enormes Auftragspotential. Irrtum: Vielmehr würden ausländische Baukonzerne die Schweiz überfluten und als Lohn- und Preisdrücker auftreten.
Nicht unerwähnt bleiben darf hier ein Bericht des Verbandes Nationaler Bauunternehmer von Frankreich: Die öffentliche Hand in Frankreich wende jährlich rund 250 Milliarden fFrancs für öffentliche Bauvorhaben auf. Ungefähr 3 Prozent jenes Betrages hätten die begünstigten Bauunternehmer an Schmiergeldern an die Behördemitglieder abzuführen [*El País* 27.6.91].

Die 18 Mitglieder der Gruppe der schweizerischen Bauindustrie (SBI) haben als Grossunternehmer sich für einen Beitritt zur EG ausgesprochen. Als vorwiegend mittelständig und gewerblich organisierter Wirtschaftszweig ist das helvetische Bauwesen aber schlecht gegen die zu erwartende Wettbewerbsverschärfung gerüstet. Nach Professor Hauser müsste die Bauwirtschaft mit einem starken Konkurrenzkampf rechnen (NEAT!). Zugleich könnten Schweizer Firmen nur in Spezialitäten in grösserem Umfang im EG-Raum tätig werden.

28.- Banken und Versicherungen

Ein Jahr nach unserem EWR-Nein veröffentlichte die Schweizerische Bankiervereinigung ihren Jahresbericht 1992/93 über die internationalen Kunden der Schweizer Banken:

«Sie beurteilen offenbar die innere Entwicklung der EG mit Vorsicht und schätzen eine weiterhin eigenständige Rechts- und Währungspolitik der Schweiz. Sie vertrauen ihr mehr, wenn sie auf EG-unabhängigen Fundamenten steht. Bei künftigen europapolitischen Schritten wird dieser Aspekt besonders zu beachten sein.»

Unsere Banken können bei einem EU-Beitritt nur verlieren. Dies belegt nicht nur der vorangehende Absatz. Die Jahresergebnisse 1993 nach dem EWR-Nein von 1992(!) muss jedem Zweifler die Augen öffnen:
- Die Schweizerische Bankgesellschaft (SBG) meldete gegenüber 1992 eine Gewinnsteigerung von fast 70 Prozent;
- Der Schweizerische Bankverein (SBV) einen Mehrgewinn von 36 Prozent;
- Die Schweizerische Kreditanstalt (SKA) einen um 66 Prozent angestiegenen Rekordgewinn;
- Diese drei Grossbanken konnten dem Fiskus zwei Milliarden Franken an Steuern abliefern;
- Die 28 Kantonalbanken haben zusammengerechnet ihren Jahresgewinn um 229 Prozent (!) erhöhen können;
- Die 138 Mitglieder des Verbandes Schweizer Regionalbanken verbesserten ihre Ertragslage um durchschnittlich 8 Prozent;

- Die grösste Privatbankgruppe, die Bär Holding, wies 1993 gegenüber 1992 ein Gewinnplus von 117 Prozent aus, wobei sich die verwalteten Kundenvermögen um 12 Milliarden erhöhten;
- Die zweitgrösste Privatbank, die Bank Vontobel, meldete einen um 64 Prozent höheren Reingewinn;
- Aus Basel, das gemäss den dortigen Europhilen ohne EWR oder EG untergehen müsste, meldet dessen Kantonalbank das beste Jahresergebnis aller Zeiten;
- Die Schweizerische Nationalbank erwirtschaftete 1993 einen Überschuss von 2,2 Milliarden Franken.

Innerhalb der EG verlöre der Finanzplatz Schweiz seine Bedeutung. Die Kantonalbanken würden ihre Privilegien der Staatsgarantie einbüssen. Die Amtshilfe zwischen Aufsichtsbehörden dürfte vom Bankgeheimnis nicht mehr eingeschränkt werden. Nationalbank-Direktionsmitglied Jean Zwahlen erläuterte, mit Kapitalabflüssen und einem abrupten Angleichen unserer Zinssätze an das wesentlich höhere europäische Zinsniveau wäre zu rechnen. Mit der Anpassung der Hypothekarzinsen an das hohe europäische Niveau wären soziale Härten für Mieter und Eigenheimbesitzer verbunden.

Massenhaft würden ausländische Banken in der Schweiz Filialen errichten, denn im EG-Bankenbereich gibt es seit 1989 eine einheitliche Geschäftslizenz. Dank dieses Bankenpasses können Finanzinstitute in der ganzen EG tätig sein, ohne in jedem Mitgliedsland eine neue Zulassungsbewilligung beantragen zu müssen. Die Bedingungen für die Lizenz zur Ausübung einer EG-weiten Tätigkeit sind relativ bescheiden. Als Eigenkapital genügen schon 5 Mio. ECU (ca. 8 Millionen Franken), für Regionalbanken bereits 1 Mio. (1,6 Mio. CHF). Mutter und Auslandtöchter werden vom Hauptsitzland kontrolliert!

In Tat und Wahrheit hat keine Schweizer Bank Interesse an einem EU-Beitritt, gegenteilige Behauptungen aus jenen Kreisen sind lediglich Beruhigungspillen für deren Grosskunden. Es genügt, die verspätete Erklärung von Georg Krayer, Präsident der Schweiz. Bankiervereinigung, zu lesen:

«Das Schweizer Nein zu Europa hat für die Schweizer Banken keine unmittelbaren Auswirkungen. Sie haben den Schritt über die Grenzen und auch nach Übersee schon längst vollzogen. Die Grossbanken sind bereits im EWR-Raum und an allen wichtigen Finanzplätzen vertreten. Unsere interessantesten Kunden sind im Export tätig. Deshalb sagten die Banken: Wir machen im EWR mit» [*SdZ* 17.6.93].

Auch unsere Versicherungsgesellschaften weisen 1993 durchwegs bessere Resultate als 1992 aus. Sie operieren teilweise weltweit ohne Schwierigkeiten, die erst auftreten würden, wenn die Schweiz der EU beiträte. Die Versicherungsaufsicht müsste dem EG-Recht angepasst werden, wonach u. a. von ausländischen Versicherungen aus dem EG-Raum keine Kautionen verlangt werden dürften. Die in unserem Kautionsgesetz vorgesehenen Kautionsbestimmungen für Versicherungsgesellschaften - im Interesse der Versicherungsnehmer - wäre für Gesellschaften mit Sitz in der EG zu beseitigen. Der Nachweis der finanziellen Solidität geschähe bei diesen auf andere Weise, etwa durch eine Bescheinigung der Aufsichtsbehörde des EG-Staates, in welchem sich der Sitz der Versicherungseinrichtung befindet!

Die Zulassung und die Überwachung der EG-weiten Versicherungsaktivitäten durch die Aufsichtsbehörde des Landes vornehmen zu lassen, in dem das jeweilige Versicherungsunternehmen seinen Hauptsitz hat, veranlasste Knut Hohlfeld, Präsident des deutschen Bundesaufsichtsamtes für das Versicherungswesen, zur Feststellung, diese Sachlage verschlage jedem "Normalbürger" die Sprache [*Welt* 15.3.93].

Abgesehen von dem enormen Nachteil einer Konkurrenzierung - durch oft unseriöse Unternehmen - unserer Banken und Versicherungsgesellschaften und dem Souveränitätsverlust in der Gesetzgebung für Banken und Versicherungen, ist in beiden Fällen darauf hinzuweisen, dass im Gegensatz zu Grosskunden der normale Bankkunde oder Versicherungsnehmer nicht in der Lage ist, die Seriosität einer ausländischen Bank oder Versicherung zu beurteilen.

29.- Freie Berufsausübung

Nach unseren bisherigen Rechtsbestimmungen können Ausländer von bestimmten Berufen ausgeschlossen werden, weil ihre Ausbildung den besonderen Anforderungen der Schweiz nicht genügt. Probleme ergaben sich bisher nicht nur bei den sogenannten freien Berufen (Ärzte, Zahnärzte, Rechtsanwälte, Architekten, Apotheker usw.), es gab und gibt sie auch bei der Berufsfreiheit für Handwerker, da nebst der Schweiz nur Deutschland die Institution von Meister- und Gesel-lenprüfung kennt.

Nach einem EU-Beitritt gäbe es kaum mehr Möglichkeit, die Öffentlichkeit vor ungenügend ausgebildeten ausländischen Berufsleuten zu schützen; und diese gäbe es in Massen. Wer beispielsweise

Erfahrung mit dem Gesundheitswesen in Italien, Portugal oder Griechenland hat, wird mit Schrecken daran denken, dass er in der Schweiz einmal von einem dort ausgebildeten Mediziner betreut werden könnte.

Dazu kommt, dass nach einer EG-Verordnung das Berufsgeheimnis inskünftig einem internationalen Informationsaustausch nicht entgegenstehen darf. Die Öffnung geschützter Sektoren müsste sich unweigerlich zum grossen Nachteil der eigenen Fachleute und der Bevölkerung auswirken.

30.- Immobilien

Ein EU-Beitritt hätte zur Folge, dass das Gesetz über den "Grundstückerwerb durch Personen im Ausland" (Lex Friedrich) sofort aufgehoben werden müsste. Was der Schweiz bis jetzt teuer und heilig war, von Bundesrat, Parlament und weitgehend auch mit Zustimmung des Volkes geplant, erarbeitet, gutgeheissen und in der Praxis verwendet und durchgesetzt wurde, wäre plötzlich nicht mehr wichtig, müsste fallengelassen werden, gehörte der Geschichte an, wäre schlichtweg Makulatur. In diesen Bereichen wäre nicht mehr eigenes Recht, sondern das Recht der zwölf EG-Staaten gültig. Die Schweiz hätte dazu rein gar nichts zu sagen, kein Verhandlungsergebnis also, sondern pures EG-Diktat.

Wie Zynismus hören sich offizielle Kommentare an:

«Der harte Kern der Lex Friedrich kann nicht zur Diskussion stehen», betonte Justizminister Arnold Koller... «Es könne an eine sofortige Aufhebung der Schranken für den Grundstückerwerb durch Ausländer nicht gedacht werden. Eine Expertenkommission soll jetzt bis 1995 abklären, welche Konsequenzen eine Abschaffung der Lex Friedrich auf die sensiblen Bereiche hat» [*BeZ* 26.8.93].

«Der Bundesrat hält einen sofortigen und ersatzlosen Verzicht auf die Lex Friedrich für nicht verantwortbar. Tangiert würden nicht bloss wirtschaftliche Interessen, sondern auch soziale, kulturelle und psychologische. Dass Zurückhaltung ratsam sei, begründet der Bundesrat ferner mit dem Hinweis auf Dänemark als EG-Mitglied und Schweden, Finnland und Österreich als EG-Kandidaten, welche alle an einer einschränkenden nationalen Gesetzgebung im Zweitwoh-

nungssektor festhalten möchten» (*aber gemäss Brüssel nicht können,
d. A.*) [*NZZ* 26.8.93].

«Der Bundesrat ist aber gut beraten, dem Grundstückhandel nicht
gänzlich freien Lauf zu lassen. Es besteht nämlich die Gefahr, dass
ein freier Immobilienhandel sehr rasch zu einem neuen Ausverkauf
der Heimat und zu unzumutbaren Bodenpreisen führen könnte. Die
totale Aufhebung der Lex Friedrich ist erst möglich, wenn die
Schweiz in der Lage ist, durch eine neue Raumplanung den bebaubaren Boden besser zu kontrollieren» [*Tribune de Genève*, in *BaZ*
31.8.93].

«Die ausländische Nachfrage nach Schweizer Immobilien hat nach
jahrelanger Stagnation wieder massiv zugenommen. Die Zahl der
bewilligten Handänderungen zog 1992 um 65 Prozent auf 1833 an,
die Kaufsumme stieg gegenüber dem Vorjahr von 1,49 auf 2,19
Milliarden Franken. Wegen dieser Kaufwelle widersetzt sich der
Bundesrat der sofortigen Abschaffung der Lex Friedrich» [*BaZ*
16.9.93].

Soll auch in diesem Bereich den Stimmbürgern Sand in die Augen
gestreut werden? Der von der Mehrheit der Bundesräte geforderte
EU-Beitritt widerspricht doch dem ganzen Gerede um die Beibehaltung des Kerns der Lex Friedrich.

31.- Steuern

In der Schweiz nahm die Fiskalquote zwischen 1970 und 1990 um 7%
auf 31,7% zu. Damit liegen wir in der neusten OECD-Statistik auf
Rang 20 aller 24 OECD-Staaten; in Europa an letzter Stelle! [*BeZ*
21.6.93].
   In der EG müssen und werden die Unterschiede in der Besteuerung
fallen. Nur so können Wettbewerbsverzerrungen vermieden werden.
Die Vereinheitlichung der Unternehmensbesteuerung wird seit Jahren in Brüssel einer Untersuchung unterzogen. Die Mehrwertsteuer in
der EG ist bereits auf minimal 15% für alle EG-Staaten festgelegt
worden. Ein EU-Beitritt der Schweiz hätte zur Folge, dass sie sämtliche Dispositionen der Brüsseler Zentralregierung zu erfüllen hätte;

anstelle der 6½prozentigen Mehrwertsteuer hätte unser Land sofort ebenfalls 15% zu erheben, somit eine Mehrbelastung um 8½ Prozent! Einen Vorgeschmack der Steuerverhältnisse in der EG liefert uns unser nördlicher Nachbar. Die Abgabebelastung von Privatpersonen und Unternehmen in Deutschland hat 1992 Rekordniveau erreicht. Die Gesamtbelastung aus Steuern und Sozialabgaben hat mit 43,7% des Sozialprodukts den höchsten Stand seit Bestehen der Bundesrepublik erreicht. Den Bürgern und Unternehmern sollen bis 1995 über 115 Milliarden an zusätzlichen Steuern aufgebürdet werden. Nur Frankreich hat mit ebenfalls 43,7% die gleich hohe Abgabenquote. In Italien liegt sie bei 40,8%, in USA 30,7 und in Japan 29,3%. Nur drei Länder muten ihren Bürgern mehr zu: Schweden, Holland und Österreich [*Welt* 18.3.93]. Mit Beginn des Finanzjahres 1994/95 traten in Grossbritannien Steuererhöhungen von rund 20 Milliarden CH-Franken in Kraft. Sie sollen ein ausuferndes Haushaltsdefizit von rund 125 Milliarden verringern helfen [*SdZ* 7.4.94].

Brüssel hat eine gefrässige Kasse und ist mächtig genug, um ihren immer grösser werdenden Appetit zu befriedigen. Nach Artikel F III des Maastrichter Vertrags "stattet sich die Europäische Union mit den Mitteln aus, die zum Erreichen ihrer Ziele und zur Durchführung ihrer Politiken erforderlich sind." Nicht nur im Maastrichter Vertrag, sondern schon im alten EWG-Vertrag findet sich nämlich ein Artikel, den die EG rücksichtslos als Ermächtigungsnorm ausbeuten kann: Nach diesem Artikel 235 (der die inoffizielle Überschrift "Vorschriften für unvorhergesehene Fälle" trägt) kann der Rat der EG "die geeigneten Vorschriften erlassen", um die Ziele des gemeinsamen Marktes zu verwirklichen [*SdZ* 3.7.93].

Dazu kommt, dass 1997 die EG-Steuerharmonisierung anbrechen wird, die u. a. eine Verschärfung der geltenden EG-Amtshilfe-Richtlinie mit sich bringt. Nach der neuen Kernbestimmung muss ein EG-Mitgliedstaat "immer dann, wenn begründeter Verdacht auf Steuerhinterziehung besteht, Auskunft geben" - selbst wenn er dazu nach eigenen Gesetzen nicht verpflichtet wäre.

32.- Giftstoffe

Gravierend ist, dass die EG keine wirkliche Verantwortung für Umweltpolitik hat, denn Absatz 4 des Artikels 130r (EWG) lautet: "Die Gemeinschaft wird im Bereich der Umwelt insoweit tätig, als die...

genannten Ziele besser auf Gemeinschaftsebene erreicht werden können als auf der Ebene der einzelnen Mitgliedstaaten". Was bedeutet, dass die Gemeinschaft nur tätig wird, wenn die Kommission dies will und die EG-Staaten dies einstimmig beschliessen. Für solche Beschlüsse werden aber diejenigen EG-Staaten kaum zu gewinnen sein, deren Regierungen verbesserten Marktchancen Vorrang vor verbesserter Umweltverträglichkeit geben.

Bereits heute wird die Herstellung umweltgefährdender Stoffe innerhalb der EG so verlagert, dass jeweils in jenem EG-Staat produziert wird, wo die grösste Umweltverschmutzung toleriert wird und die Umweltinitiativen am schlechtesten organisiert sind. So lässt z. B. die deutsche Chemieindustrie in der Bundesrepublik nicht zugelassene Unkrautvernichtungsmittel in Griechenland produzieren. Aufgrund des Grundsatzes der gegenseitigen Anerkennung der nationalen Produktion dürfen die in Griechenland produzierten Pestizide in Deutschland verkauft und genutzt werden.

«Ein bundesdeutsches Veto gegen den Handel mit dem für die Gesundheit und Ökologie als gefährlich eingestufte Mittel würde von der EG als 'illegales Handelshemmnis' gewertet» [*Spiegel* 2/90].

Auf diese Weise werden die nationalen Bestimmungen unterlaufen und die Position der Unternehmen gestärkt, die schon seit langem eine Deregulierung fordern.

Das deutsche, mühselig durchgesetzte Verbot des Pflanzenschutzmittels Atrazin ist schon jetzt durch die EG-Pflanzenschutzrichtlinie wieder gefährdet. Da diese Richtlinie kein Atrazin-Verbot enthält - trotz dessen nachgewiesener Grundwassergefährdung -, können mit Inkrafttreten des EG-Binnenmarkts Pflanzenschutzmittel mit Atrazin aus anderen EG-Mitgliedsländern in Deutschland und anderen EG-Staaten, EG-rechtlich sanktioniert, wieder eingeführt werden.

So dürfte auch das in der Schweiz verbotene, dioxinhaltige und krebserzeugende Holzschutzmittel Pentachlorphenol (PCP) nach einem EU-Beitritt in der Schweiz wieder verkauft werden.

In Pestizid-Paradiesen wie Portugal oder Spanien zugelassene Chemikalien, die in der Schweiz verboten sind, könnten trotzdem "durch die EG-Hintertür" hier wieder verkauft werden. In den EG-Richtlinien sind 600 Chemikalien angeführt. Vor ihrem Inkrafttreten waren nur 60 in sämtlichen EG-Ländern erlaubt. Die "EG-Giftlawine" ist in voller Fahrt. Im Umweltschutz sehen die EG-Exekutoren eigentlich nur ein Handelshemmnis.

33.- Wettbewerb

Der viel gepriesene Wirtschaftswettbewerb innerhalb der EG führt in Tat und Wahrheit zu Konzentrationsprozessen, da durch den verschärften Wettbewerb kleine und strukturschwache Unternehmen aus dem Markt fallen. Wie von Hayek so treffend formuliert, wird ein Markt aber nur dann seine volle Kraft entfalten, wenn verschiedene nationale oder auch regionale Wirtschaftspolitiken miteinander konkurrieren können.

Es ist eine irreführende, von fast allen bedeutenden Ökonomen abgelehnte Vorstellung, man müsse erst alle Marktbedingungen und politischen Rahmendaten gleichmachen, ehe der Wettbewerbsprozess einsetzen könne.

Ein EU-Beitritt würde den ausländischen Grossunternehmern freie Hand auf dem Schweizer Markt sichern. Ein Massensterben von Klein- und Mittelbetrieben wäre unausweichlich, weil sie es sich nicht leisten könnten, für die Beachtung unzähliger Eckwerte und Richtlinien einen immer grösseren Apparat aufzubauen.

34.- Bürokratie

Herbert Gruhl, der weltbekannte Zukunftsforscher (†), in einem *Spiegel*-Essay:

> «Eine Mammutbürokratie unternimmt es, Europa bis in den letzten Winkel zu dirigieren und selbst die Käsesorten vorzuschreiben. Man könnte glauben, das Politbüro sei von Moskau nach Brüssel umgezogen.»

Kein Eingeweihter wird leugnen, dass die Brüsseler Bürokratie überdimensioniert ist und sich zu einer wahren Verwaltungsdiktatur entwickelt hat. EU-Euphoriker in unserem Land versuchen immer wieder, diese abstossende Tatsache zu bagatellisieren. Dass viele Publizisten dies tun, müssen wir mit Rücksicht auf deren Wissensnotstand oder deren Stress und damit Oberflächlichkeit hinnehmen.

Dass aber ein Hochschuldozent für Nationalökonomie und aktiver Nationalrat (GE) die gleiche Malaise verniedlicht, ist schon weniger verständlich:

«Integrationsgegner werden nicht müde, den Teufel einer zentralistischen Monstertechnokratie EG an die Wand zu malen. Was man dabei verheimlicht, ist die Tatsache, dass die 24'000 Funktionäre der EG (Richter und Dolmetscher inbegriffen) der Personaldotation eines grösseren Kantons entspricht» [*NZZ* 12.8.92].

Noch schlimmer und absolut unverzeihlich ist aber die Tatsache, dass das Integrationsbüro EDA/EVD, welches die Bevölkerung objektiv informieren sollte, den gleichen Unsinn veröffentlicht:

«Ein zweiter Kampf gilt dem Unwissen und den Vorurteilen... Wer weiss schon, dass die Union weniger Beamte beschäftigt als die meisten Schweizer Kantone» [*CH-Euro*, Januar 1994].

Der Hochschuldozent und das Integrationsbüro vergleichen Unvergleichbares. Wenn sie es nicht wissen sollten, haben sie zu schweigen; wissen sie es aber, dann betreiben sie eine typische Irreführung der Bevölkerung. Beim Bund und Kantonen handelt es sich praktisch durchwegs um Verwaltungsbeamte zur Gewährleistung des öffentlichen Dienstes (Ämter für Landesversorgung, Wohnungswesen, Hoch- und Tiefbau, Sozialversicherung, Erziehung und Bildung, Finanz- und Steuerwesen, Sport, Industrie, Gewerbe und Arbeit, Energiewirtschaft, Verkehr, Arbeitsämter, Polizeiwesen, Zivilstandsämter, Messwesen, Fürsorge- und Gesundheitswesen, Justiz, und Hunderte weiterer öffentlicher Dienste). In Brüssel dagegen handelt es sich fast ausschliesslich um Funktionäre zur Festigung einer allmächtigen, quasi staat-lichen Machtzentrale. Ihre Hauptaufgaben sehen sie in der eigen-mächtigen Schaffung von Verordnungen, Richtlinien, Anweisungen, Verfügungen, Vorschriften und Normen mit EG-weitem Unterwerfungszwang. Woher sonst kommen jene 16'000 Seiten in Bern liegenden EG-Erlasse? Und wie sonst entsteht das EG-Amtsblatt im Umfang von rund 50'000 Seiten pro Jahr? Die EG-Bürokraten als Gebieter bestimmen, sie reglementieren bis in die Küchen und Betten der EG-Bürger hinein, sie suchen die wirtschaftliche und politische Herrschaft, sie üben keine öffentlichen Dienste aus.

Dass das zitierte Integrationsbüro das Publikum wiederum wissentlich zu täuschen versucht, ist aus der Fortsetzung des eben erwähnten Artikels aus deren Publikation [*CH-Euro*, Januar 1994] ersichtlich. Dort ist nämlich weiter zu lesen:

«... dass der 'Ständerat' in der Gemeinschaft viel mehr zu sagen hat, als zum Beispiel der Ständerat in der Schweiz.»

Der Direktor jenes Büros, Botschafter Bruno Spinner, muss sich sagen lassen, dass es in der EG keine Institution gibt, die auch nur andeutungsweise mit unserem demokratisch funktionierenden Ständerat verglichen werden kann. In der EG sind zwar die EG-Parlamentarier vom Volk gewählt. Sie haben jedoch praktisch nichts mitzubestimmen und bilden nur eine Scheininstitution.

Als EU-Mitglied hätte unsere Bevölkerung sämtliche Exzesse der Brüsseler Bürokratie zu erdulden, ohne irgendeine Möglichkeit, sich dagegen zu wehren. Auch unsere Regierung müsste sich ihr unterwerfen. Beispielsweise hätte Bern die öffentlichen Statistiken dem Brüsseler Niveau anpassen und Brüssel über die nationale Erwerbstätigkeit, über die verschiedenen Produktionszweige, Entwicklung der Arbeitszeit, Kosten und Produktivität, Auftragsbestände, Lagerhaltung und Umsätze nach Branchen, Aussenhandel, nationale Buchhaltung und vieles mehr zu unterrichten. Allein dafür wären über 300 weitere Beamte im Bundeshaus notwendig.

35.- Klein- und Mittelbetriebe

Auf erhöhten Konkurrenzdruck innerhalb der EG sind Multis und Grossunternehmen viel besser vorbereitet als Kleinbetriebe.

Die Stärke der Schweiz war immer schon der Innovationsgeist, der Erfindergeist und höchste Fertigungsqualität des Gewerbes. Deshalb ist es unumgänglich, die Tradition der Klein- und Mittelbetriebe entschieden zu stärken und wiederzubeleben, denn sie garantieren eine höhere volkswirtschaftliche Stabilität als wenige, aber dafür krisenanfälligere Grossindustrien, die nebenbei bemerkt in der Regel auch ökologische Probleme produzieren, die in diesem Ausmass von Kleinen nicht produzierbar sind.

Alt Nationalrat Dr. Peter Spälti (VR-Präsident der "Winterthur"-Versicherungen und EWR-Befürworter) kommentierte:

«Aus dem Bericht des Bundesrates über die Stellung der Schweiz im europäischen Integrationsprozess geht hervor, dass das Gewerbe, die Klein- und Mittelbetriebe im Industrie- und Dienstleistungsbereich es sehr schwer haben werden, sich an diesem Binnenmarkt zu beteiligen und ihre Konkurrenzfähigkeit zu wahren. Es hat sich gezeigt, dass seit der Gründung der EG eigentlich nur die multinationalen Unternehmen die Vorteile der zunehmenden Wirtschaftsintegration voll nutzen konnten. Im Cecchini-Bericht stellt die EG fest, dass allein der administrative Aufwand... für den Klein- und Mittelbetrieb bis zu 45% mehr Unkosten verursacht als für den Grossen» [SZ 18.11.88].

Rund 250'000 nichtlandwirtschaftliche Betriebe des Landes (das sind 97 Prozent) beschäftigen weniger als 50 Mitarbeiter, die aber 80% der Beschäftigten umfassen. Es ist nicht nur Aufgabe der Behörden, Sprungbretter für "neue Märkte" zu suchen, sondern vorab den Schutz bestehender Werte zu garantieren. Nicht einmal zwei Promille unserer Unternehmungen können zu den grösseren Betrieben gezählt werden, für die der Gemeinsame Markt von Bedeutung sein könnte. Das Fallen der Grenzen würde die bisher beschützten kleinen Märkte zerstören und die Kleinen zwingen, einen Teilhaber zu suchen oder zu liquidieren.

Eine 1991 durchgeführte Untersuchung in Italien kommt zum Schluss, dass wahrscheinlich die Hälfte der Klein- und Mittelbetriebe verschwinden werde; andere werden sich gezwungen sehen, sich Grossunternehmen anzuschliessen oder in ihnen aufzugehen.

36.- Grossbetriebe

Es sind die Wenigen, die erwarten, vom Brüsseler Zentralismus zu profitieren und die in einen "eher abgekarteten als gemeinsamen Markt" drängen: Industriegiganten, die für schnelle Profite einen "harmonisierten" Markt verlangen, ohne Grenzen und Schutzzölle, frei von technischen Hindernissen durch verschiedene Normen, frei von sozialen oder ökologischen Beschränkungen, von Regeln und nationalen Vorschriften. Von Nord nach Süd, von West nach Ost eine einzige Verkaufsrennbahn ohne Hindernisse. Die grossen Unternehmen wollen Teile ihrer Produktionsstätten ohne Probleme in andere Länder verlagern können, um nationale Bestimmungen zu umgehen oder um niedrigere Faktorkosten auszunutzen. International agierende Konzerne suchen eine Machtzusammenballung und eine Domination der Märkte, was entsprechend ungünstige Auswirkungen auf die Verbraucher und die Beschäftigten in den Konzernen zeitigt. Wolfgang Karte, der Präsident des deutschen Bundeskartellamts in Berlin: «Die Multis entziehen sich der Kontrolle durch den Staat. Wozu haben wir die Fürsten abgeschafft, wenn wir uns jetzt, in Europa, einer neuen Aristokratie von Unternehmensführern ausliefern sollen?»

Den Wirtschaftskönigen geht es um den Markt - und sonst um gar nichts. Aber: Durch den Konzentrations- und Monopolisierungsprozess werden Verbilligungen blockiert; er bringt höhere Preise und niedrigere Qualität.

Unilever/NL und GB ist ein klassisches Beispiel eines multinationalen Konzerns: Bezogen auf den europäischen Binnenmarkt will Unilever die Produktionspalette weiter straffen und gleichzeitig weltweit verkaufen. Dafür ist die Konzentration der Produktion vorgesehen, wobei z.B. in Europa pro Produkt nun nicht mehr als zwei bis drei Produktionsstätten bestehen sollen. Noch 1975 stellte Unilever Toilettenseife in 13 europäischen Fabriken her, 1989 nur noch in vier.

Die grossen Schweizer Firmen sind schon heute in der Zwölfergemeinschaft verankert und müssen daher kaum irgendwelche Diskriminierung fürchten. Innerhalb der EG entstünde für sie ein grosser Preiskampf, der zu Qualitätsverschlechterungen und Verkürzung der Lebensdauer der Produkte führte . Preissenkungen wären ausserdem nur mit Lohnreduktionen erreichbar. Unter EG-Bedingungen wäre die schweizerische Industrie gezwungen, ihre Umwelt-, Qualitäts- und Gesundheitsstandards nach unten zu nivellieren. Sie würde dadurch gerade ihrer Wettbewerbsvorteile beraubt.

37.- Arbeitslosigkeit

Rund 18 Millionen Personen in der EG sind ohne Arbeit. Dies entspricht einer Quote von 11½%. Angesichts der schlechten konjunkturellen Verfassung dürfte diese laut Brüsseler Berechnungen bis Ende 1994 auf 12% klettern, womit dann knapp 20 Mio. Menschen auf der Strasse stünden [*NZZ* 22.6.93].

Die EG-Kommission schrieb in ihrem Bericht vom 26.5.93:

«Erwartet wird ein negatives Wachstum in der Gemeinschaft für 1993 und eine steigende Arbeitslosigkeit in den nächsten zwei Jahren. Anzeichen für eine schnelle Erholung gibt es nicht» [BZ 27.5.93].

Ganz besonders nachteilig ist die Jugend betroffen. In Italien sind 46%, in Spanien 38%, in Frankreich 28%, in Belgien 26% Jungendliche unter 25 Jahren erwerbslos, Stand 1993.

Mit einem Wachstumsprogramm will die EG in den nächsten zwei Jahren 450'000 neue Arbeitsplätze schaffen. Das Programm hat eine Grössenordnung von 35 Mia. ECU (etwa 57 Mia. CHF). Es betrifft etwa 2,5% der dortigen Gesamterwerbslosigkeit, woraus abzuleiten ist, dass die Beseitigung der EG-Arbeitslosigkeit etwa 80 Jahre erfordern und 2,4 Billionen CHF (2'400 Mia. CHF) kosten würde!!

Es wird aber auch hier bei feierlichen Deklarationen bleiben, denn bereits vor 10 Jahren hat die EG-Gipfelkonferenz die sukzessive Reduktion der Arbeitslosigkeit beschlossen, ohne das WIE zu definieren. Ergebnis: Jahr für Jahr stieg die Erwerbslosigkeit in der EG an.

Ein EU-Beitritt würde unser Land dem EG-Arbeitslosenheer unbegrenzbar ausliefern. Von rund 4,8% unserer Arbeitslosen sind deren 40% Ausländer, somit weniger als 3 Prozent nationale Erwerbslose. Dies entspricht nur einem Viertel bis einem Achtel der Quote in den EG-Ländern. Spanien meldete kürzlich 24% der Arbeitskräfte als erwerbslos, trotz der seit Jahren fliessenden EG-Milliarden. Deshalb forderte der spanische Regierungschef Felipe González einen Kuhhandel mit der Schweiz; das Inkrafttreten des bereits unterzeichneten Transitvertrages der Schweiz mit der EG müsste durch den freien Personenverkehr ergänzt werden. Die grassierende Massenarbeitslosigkeit in allen EG-Staaten ist eine wirksame Bremse für eine Migration innerhalb der EG, während die acht mal kleinere nationale Arbeitslosenquote der Schweiz sehr wohl zu einer enormen Einwanderungsbewegung führen müsste.

Stellte man das Schweizervolk vor den EU-Beitrittsentscheid, wäre mit Sicherheit damit zu rechnen, dass die Bevölkerung durch Befürworter wiederum wissentlich getäuscht würde. Während der EWR-Kampagne 1992 betörten Europhile und sogar offizielle Instanzen (z. B. das Integrationsbüro EDA/EVD) die Bevölkerung mit der Behauptung, Freizügigkeit verursache keine Zuwanderung in grossem Ausmass. Im EG-Raum habe dies (bis 1992) nicht festgestellt werden können. Kunststück: der EG-Binnenmarkt und damit die Freizügigkeit der Person trat erst im Januar 1994 in Kraft. Über die Auswirkungen der Freizügigkeit der Person gibt es bisher nur ein einziges, praktisches Beispiel, nämlich die 1990 erfolgte Grenzbeseitigung Ost- zu Westdeutschland. In den neuen Bundesländern emigrierten bereits im ersten Jahr aus Erwerbsgründen rund eine Million, vorzugsweise Jugendliche, nach Westdeutschland.

Ein EU-Beitritt bedeutete in Wirklichkeit eine Mitgliedschaft in einer Gemeinschaft für Megaarbeitslosigkeit.

38.- Bildung

Die Vereinheitlichung des europäischen Bildungssystems betrachten unvoreingenommene Pädagogen als ein "wahnwitziger Gedanke". Man denke nur an die Vereinheitlichungsversuche unserer Kantone oder gar an den Bildungsnotstand in Deutschland. Lediglich 270 Millionen ECU (435 Millionen CH-Franken) sind im diesjährigen EG-Haushalt für den Bildungssektor vorgesehen, gemessen am Gesamtbudget in Höhe von rund 100 Mia. Franken gerade ein Anteil von 0,4 Prozent.

Grossbritannien gehört zu den EG-Ländern, welches der Reform des Bildungswesens in der EG besondere Aufmerksamkeit schenkt. Die englische Zeitung *Daily Telegraph* vom 20.9.93 berichtete von dort:

«Schüler nach elf Jahren obligatorischer Schulzeit legten die vereinheitlichte Abschlussprüfung (GCSE) ab. Weniger als die Hälfte aller Schüler wussten, wann der Zweite Weltkrieg endete. Jeder zehnte war ausserstande, Grossbritannien auf der Weltkarte zu finden. Jeder fünfte war nicht in der Lage, 50% von 180 auszurechnen, und jeder vierte versagte beim Teilen von 65 durch 5. Allerdings wussten 98% der befragten Schüler, dass man ab 18 Jahren zum Alkoholeinkauf berechtigt ist!»

Die University of Hull musste in den Fächern Physik und Mathematik die Studienzeit um ein Jahr verlängern, denn Untersuchungen ergaben, dass aufgrund des niedrigen Bildungsniveaus beim Schulabgang von öffentlichen Schulen eine Verlängerung der universitären Ausbildung notwendig werde [*Zeitfragen*, Mai 94].

Vom hochgesteckten Ziel des EG-Programms, im Hinblick auf den gemeinsamen Markt alle Hochschulsysteme allmählich zu harmonisieren, ist Brüssel jedoch noch weit entfernt: Die strukturellen Unterschiede von Land zu Land behindern die Entwicklung gemeinsamer Studiengänge, nicht einmal auf einen EG-weit einheitlichen Termin für den Studienbeginn hatte man sich bislang verständigen können. Angesichts der englischen Schulmisere (ähnliche Beispiele aus fast allen EG-Ländern liegen vor) stellt sich die bange Fragen: Warum sollen die guten Schweizer Schulen nach aufgewungenen EG-Theorien umgebaut werden und die im Ausland derart katastrophale Ergebnisse zeitigen? Die Schweiz hat weltweit eines der besten Schulsysteme mit den besten Ergebnissen.

39.- Korruption

Mit dem EU-Beitritt gälte für unser Land ebenfalls die "Europäisierung" des öffentlichen Beschaffungswesens, ein Tummelfeld vielfältiger Interessen. Diese EG-Bestimmungen beziehen sich auf Bauaufträge von minimal 5 Mio. ECU (rund 8 Mio. Franken) oder auf öffentliche Aufträge über rund 500'000 Franken. Wie auf diesen beiden Gebieten in den EG-Staaten, vorwiegend den südlichen, die Beteiligten korrumpieren und bestochen werden, berichten die Massenmedien fast täglich. Allein in Italien laufen gegen Tausende von Politikern und Wirtschaftsmagnaten Strafverfahren wegen Delikten in Milliardenhöhe. In seiner Untersuchung "Über Physiognomie und Pathologie der politischen Korruption" rechnete der Politologe Franco Cazzola aus, dass der Staat allein in den vergangenen Jahren durch solche Praktiken um 50 Milliarden Franken betrogen wurde. In Spanien sah sich sogar König Juan Carlos I. genötigt, in einer öffentlichen Ansprache in Sevilla im Jahr 1991 wegen der überbordenden Korruption und Unverantwortlichkeit seiner Staatsdiener die Alarmglocke zu ziehen. Finanzminister Carlos Solchaga bezifferte den Schaden durch Korruption auf umgerechnet 3,5 Milliarden Franken jährlich. Aber auch in Frankreich, Grossbritannien und Deutschland nimmt die Korruption immer mehr überhand.

Im EG-Raum sollen jährlich über 700 Milliarden Franken an öffentlichen Aufträgen vergeben werden. Was bei einem solchen Geldmengenfluss an Geröll und Schutt mitgerissen wird, welche Ufer weggespült werden, ist heute kaum vorstellbar und müsste jedenfalls in der Schweiz zu einem bisher undenkbaren Moralzerfall in der öffentlichen Verwaltung und im gesamten Geschäftsleben führen.

40.- Inflation

Die Inflation ist Folge der starken Erhöhung der umlaufenden Geldmenge gegenüber dem Güterverkehr. Sie verursacht eine wesentliche Erhöhung des Preisniveaus. Diese auch als Jahresteuerung erklärbare Situation tritt auch als Geldentwertung in Erscheinung. Ein EU-Beitritt würde unser Land den Wirtschafts- und Währungsmanipulationen in den EG-Staaten vollumfänglich ausliefern. Allgemein bekannt sind die Währungsturbulenzen im EG-Raum. Jahresteuerungen in der EG in Höhe von 5 - 15 Prozent sind an der Tagesordnung. Dank der sorgfältigen Geldpolitik unserer Nationalbank (deren Unabhängigkeit in der EU verloren ginge) liegt der Inflationssatz in der Schweiz heute unter 1 Prozent.

41.- Verstärkter Polizeistaat

In der EG sind die Grenzhäuschen zu den Nachbarstaaten leer, die Zöllner werden mobil. Sie winken ihre Pappenheimer künftig auf Parkplätzen aus der Reihe. Neben der Zollfahndung kommt in Deutschland bundesweit eine neue Sparte zum Einsatz: mobile Kontroll-gruppen (MKG) der Oberfinanzdirektionen. Deren Hauptaugenmerk gilt vorerst dem gewerblichen Güterverkehr, vor allem dem Transport von verbrauchssteuerpflichtigen Waren (Alkohol, Tabak, Mineralöl usw.) in der EG. Lastwagen auf Parkplätzen soll die grösste Aufmerksamkeit gelten.
    Als sich die Kontrollgruppen formierten, suchten deren Beamte zunächst vor allem Rauschgift. "Doch nach einer Weisung aus Bonn konzentrieren wir uns verstärkt auf Verbrauchersteuern und unsere sonstigen Aufgaben", erzählte Referent Reinhard Trendler.
    Eigentlich soll der private Reiseverkehr von der Verbrauchersteuerfahndung weitgehend verschont bleiben. Aber bei "Verboten und Beschränkungen", dazu gehören Rauschgift, Waffen und Kraftstoffkontrollen, muss auch der Pkw-Fahrer mit Nachforschungen rechnen.
    Inzwischen sind bereits 26 Trupps mit einer Soll-Stärke von je sieben Beamten bundesweit im Einsatz. Sie dürfen jedermann anhalten und nahezu alles untersuchen [*WaS* 3.4.94].
    Dieser breitangelegte erste Versuch in Deutschland wird kurzfristig als allgemeine Praxis auf die übrigen EG-Staaten übergreifen. Wer mit den deutschen Steuer- und Zollfahndungsmethoden etwas vertraut

ist, wird nur mit Entsetzen an künftige Reisen zu Wasser, Land oder Luft in den EG-Staaten denken.

42.- Auslandschweizer

Bei einem EU-Beitritt hätte die AHV/IV zusätzlich Hunderte von Millionen (NR Allenspach sprach von Milliarden) Franken an Rentner und Rentnerinnen zu bezahlen, die in der Schweiz gearbeitet haben und in ihre Heimatländer zurückgekehrt sind. Das AHV/IV-Problem hat seine Ursache im freiwilligen Beitritt von Auslandschweizern.

Da sie bei einem ausländischen Arbeitgeber tätig sind, können sie der AHV nicht beitreten. Vor Jahrzehnten hat das Parlament daher für die Landsleute im Ausland den "freiwilligen Beitritt" gesetzlich verankert. Schweizer, die im Ausland leben, können somit durch Vierteljahreszahlungen direkt an die AHV in Genf später in den Genuss der AHV kommen. Dieses Gesetz müsste der Bundesrat und Parlament abschaffen, weil sonst unter der Auswirkung des EU-Beitritts alle EU-Bürger beitreten könnten!

Der freiwillige Beitritt müsste aufgehoben werden mit der Folge, dass Hunderttausende von Auslandschweizern für die Zukunft enorm benachteiligt wären, weil sie über eine private, wesentlich teurere Versicherungsgesellschaft vorzusorgen hätten.

43.- Behinderte

Personen, die wegen ihrer Behinderung dauernd auf Hilfe angewiesen sind, erhalten heute ja nach Grad ihrer Hilflosigkeit Entschädigungen von 180, 470 oder 720 Franken. Bei einem EU-Beitritt hätten die ausserordentlichen Renten mit Einkommensgrenzen sowie die Hilflosenentschädigungen wegzufallen, zum Nachteil Tausender von benachteiligten und in Not befindlichen Schweizern.

Auch die Viertelsrenten der IV (Invaliditätsgrad zwischen 40% und 50%) wären nicht europakonform und müssten geopfert werden.

44.- Gesetzgebung

Der Souverän, das Volk, war bisher in der Schweiz das höchste Organ. Nur er kann mit Stimmen- und Ständemehr eine Bundesverfassungs-Änderung oder -Totalrevision beschliessen. Durch ein Referendum kann er ausserdem ein vom Gesetzgeber (Bundesversammlung) beschlossenes Gesetz ablehnen; zudem steht ihm über eine Initiative das Recht zu, Verfassungsänderungen (siehe Alpeninitiative) oder ein neues Bundesgesetz (siehe Schwerverkehrsabgabe) zu beschliessen.

Die Eidgenössischen Räte, die Bundesversammlung, entscheidet in erster Linie über neue Bundesgesetze und Bundesbeschlüsse.

Der Bundesrat ist die vollziehende und leitende Behörde der Eidgenossenschaft, vollzieht die von der Bundesversammlung beschlossenen Gesetze und Beschlüsse und sorgt für deren Einhaltung. Er ist der Bundesversammlung gegenüber zur Rechenschaft verpflichtet.

Ein EU-Beitritt würde eine **diametral entgegengesetzte Situation** schaffen. In der EU entscheidet der Rat der Staats- und Regierungschefs (Gipfeltreffen) über alle verfassungsähnlichen Grundgesetze (z.B. Maastricht-Vertrag). Als Folge des EU-Beitritts würde unser Bundespräsident diesem Gremium angehören. Ihm und nicht mehr dem Volk stünde somit die Mitentscheidung an verfassungsmässigen Entscheiden zu!

Der EG-Ministerrat beschliesst die für die EG gültigen Gesetze und Verordnungen. Als EU-Mitgliedstaat würde einer unserer Bundesräte (je nach Sachgebiet) dem EG-Ministerrat angehören und an der gesamten Gesetzgebung mitentscheiden, dem Parlament übergeordnet.

Daraus ergibt sich, dass das Schweizervolk und die Eidgenössischen Räte ganz bzw. weitgehend entrechtet würden. **Die grossen Profiteure wären die Bundesräte**, weil sie verfassungs- und gesetzgebende Autoritäten würden und trotz der minimalen Stimmkraft sich als Angehörige einer supranationalen Behörde mit Kompetenzen in einem Raum von Nordeuropa bis Sizilien fühlten (*was sie offenbar als einer der wichtigsten oder den wichtigsten Grund für den EU-Beitritt erachten - und natürlich darüber schweigen*, d. A.).

Während bisher der Souverän für Verfassungsbeschlüsse zuständig ist, wäre bei einem EU-Beitritt unser Bundespräsident Mitglied des in der EU entscheidenden Rates. Während bisher die Bundesräte die Beschlüsse der Eidgenössischen Räte zu vollziehen haben, wäre bei einem EU-Beitritt einer unserer Bundesräte Mitglied des für Gesetze zuständigen EG-Rates. Unser Parlament wäre nur für den Vollzug der

EG-Gesetze zuständig, und der Bundesrat könnte von ihm Rechenschaft verlangen!

Nach offizieller Version (Delors) werden in Zukunft rund 80 Prozent aller EG-weit gültigen Verordnungen in Brüssel und nicht mehr in den nationalen Hauptstädten erlassen werden.

45.- Wasser

Unser Land wird in spätestens 20 Jahren für die EG Hauptlieferant von Wasser (aus den Alpen als Wasserscheide Europas) sein, ein Naturprodukt, das für die Gemeinschaft immer mehr an Bedeutung gewinnt und dem Alpentransit an Wichtigkeit gleichkommen wird. In Brüssel wird diese Problematik seit geraumer Zeit geprüft, und es werden Lösungen für die für viele EG-Staaten sich abzeichnenden Schwierigkeiten gesucht.

Über dieses Gebiet selbst entscheiden und bestimmen zu können, stärkt die Unabhängigkeit der Eidgenossenschaft wesentlich. (Im Maastricht-Vertrag Art.130s, Abs. 2: «... erlässt der Rat Vorschriften... hinsichtlich der Bewirtschaftung der Wasserressourcen.»)

46.- Fremde Richter

Bei einem EU-Beitritt ergäbe sich, dass der "Europäische Gerichtshof" (EuGH) mit Sitz in Luxemburg letztinstanzlich über Rechtsprobleme in der Schweiz zu entscheiden hätte. Dieses Gericht wäre in der Lage, die von unserem Bundesgericht gefällten Entscheide aufzuheben, also die Rechtsauffassung unserer obersten Richter zu desavouieren und fremde Jurisprudenz unserem Land aufzuzwingen.

V. Teil: Zusammenfassung

Zur Werbung für den EU-Beitritt werden zum entscheidenden Thema der Souveränität im Bundeshaus in geradezu perverser Art Formulierungen zur Täuschung des Schweizervolkes ausgedacht und vorbereitet. So gab der Chef des Integrationsbüros EDA/EVD (verantwortliche

Vorgesetzte die Bundesräte Cotti und Delamuraz) im Dezember 1993 zur Veröffentlichung frei:

«Nur wenn wir verantwortlich mitentscheiden, wo wir von einer Sache betroffen sind, können wir die uns unverzichtbaren Prinzipien einbringen und sicherstellen, **dass die europäische Zusammenarbeit sich in unserem Sinn entwickelt** -sic!- (*siehe oben über unser prozentuales Stimmengewicht!* d. A.). Wir verzichten dadurch nicht auf unsere **Souveränität**, sondern nehmen diese teilweise **gemeinsam mit andern Staaten wahr**, um eine grössere Wirkung zu erzielen.»

Dieser Spitzenbeamte ist Völkerrechtler und weiss daher genau, dass es paradox, ja widersinnig ist, was er den Uneingeweihten vorträgt. Er begeht eine unverzeihliche, böswillige sprachliche Sinnverfälschung: Es ist **ausgeschlossen, Souveränität gemeinsam** mit anderen Staaten auszuüben. Souveränität eines Staates beinhaltet die höchste Gewalt im Inneren des Staates und die oberste Gewalt nach aussen. **Souveränität ist unteilbar** und bedeutet die absolute Unabhängigkeit vom Einfluss anderer Staaten, die uneingeschränkte, unumschränkte Entscheidungsgewalt. Völkerrechtlich bedeutet Souveränität, dass ein Staat seine Gesellschafts- und Staatsordnung, sein Verfassungs- und Rechtssystem frei und unabhängig gestaltet sowie die Richtlinien seiner Innen- und Aussenpolitik **allein bestimmt.**

Ein EU-Beitritt hätte für unser Land zur Folge:

1.- Die **Unkündbarkeit** des Vertrags von Maastricht würde für unser Land den bedeutendsten **Souveränitätsverzicht** darstellen, weil wir und unsere Kinder und Kindeskinder nie mehr uns von dieser Bindung lösen könnten, auch wenn ein Volksentscheid dies mit allen Stimmen beschliessen würde. Fazit: Unfrei für EWIG!

2.- Unsere **Neutralität** müsste wenige Jahre nach einem EU-Beitritt definitiv geopfert werden; ein klassischer **Souveränitätsverzicht**.

3.- Unsere Währung, **unser Schweizerfranken**, müsste innerhalb der EU-Währungsunion unwiderruflich geopfert werden, ersetzt durch eine labile Währung, die vor allem der Südstaaten wegen unaufhörlich

Abwertungen unterworfen wäre. Ein alle Landsleute tief treffender **Souveränitätsverzicht**, der unseren Wohlstand definitiv ruinierte.

4.- Die **EU-Wirtschaftsunion** zwänge die Schweizer Wirtschaft, sich den chaotischen Zuständen in vielen EG-Staaten anzupassen und deren Auswirkungen mitzutragen. Eigene Entscheide wären nicht mehr möglich, womit unser Land einem **Souveränitätsverzicht** mit jetzt kaum messbaren Nachteilen unterworfen würde.

5.- Der absolute **Demokratie-Mangel** in der EU (in Brüssel ist nicht ein einziger Entscheidungsträger gewählt, sondern nur von Politikern ernannt) zwänge die Schweiz bei einem EU-Beitritt, in der Gemeinschaftspolitik auf sämtliche demokratischen Errungenschaften zu verzichten, was einem gravierenden **Souveränitätsverzicht** gleichkäme.

6.- Mit der eigenen **Aussenhandelspolitik**, Eckpfeiler unserer Industrie und unseres Wohlstandes, wäre bei einem EU-Beitritt endgültig Schluss. Die Brüsseler Bürokraten haben diesen Bereich als einen der wichtigsten Machtpfeiler voll an sich gerissen. Für unser Land ergäbe sich ein tragischer **Souveränitätsverzicht**, der zur weitgehenden Ruinierung unserer Wirtschaftskraft führen müsste.

7.- Alle die **Staatsfinanzen** betreffenden Entscheide einer Regierung kann Brüssel beanstanden. In einer Wirtschafts- und Währungsunion fliessen die Ergebnisse der einzelnen Finanztöpfe ineinander über nach dem Prinzip "Einer trage des anderen Last". Ein EU-Beitritt würde die Beibehaltung unseres (noch) gesunden Finanzhaushalts verunmöglichen. In Anbetracht der in fast allen EU-Staaten herrschenden staatlichen Misswirtschaft und verheerenden Überschuldung würde dieser **Souveränitätsverzicht** zur schweren Belastung und langsamen Verarmung aller Steuerzahler führen.

8.- Eine eigenständige **Aussenpolitik**, Eckpfeiler der staatlichen Unabhängigkeit, würde durch einen EU-Beitritt absolut verunmöglicht; ebenfalls eine dem Land angepasste **Sicherheitspolitik**. Das belanglose Stimmengewicht, welches uns zustünde, zwänge unser Land, alles zu tun oder zu lassen, was die Mehrheit der EG-Staaten (in ihrem eigenen Interesse) entscheidet; ein totaler **Souveränitätsverzicht**.

9.- Das von einer grossen Mehrheit des Schweizervolkes genehmigte **Freihandelsabkommen** von 1972, Grundlage des äusserst erfolgreichen Wirtschaftsgeschehens Schweiz/EG, würde durch unseren EU-Beitritt mit all seinen für uns vorteilhaften Bestimmungen hinfällig. Unser Land hätte sich vollumfänglich den internen, für andere Mentalitäten bestimmten EG-Gesetzen zu unterziehen: ein totaler **Souveränitätsverzicht.**

10.- Da die Schweiz eine besonders attraktive Volksgemeinschaft ist und in beinahe allen Lebensbereichen den Menschen mehr bieten kann als irgendein EG-Staat, wäre eine Überflutung durch EU-**Ausländer** unvermeidlich. Es ergäbe sich ein ausgesprochen niederschmetternder **Souveränitätsverzicht.**

11.- Der von der EG praktizierte **Protektionismus** müsste bei einem EU-Beitritt von der Schweiz voll übernommen werden. Damit würde uns die EU zu einschneidenden Massnahmen gegen befreundete Nationen zwingen und unser Verhältnis zu ihnen schwer beeinträchtigen. Die EU zwänge uns zu einem sehr schädlichen **Souveränitätsverzicht.**

12.- In der EG soll das **Waffenrecht** analog jenem der ehemaligen UdSSR und dem Dritten Reich ausgestaltet werden, womit der EU-Beitritt auch auf diesem Gebiet eine beachtliche **Souveränitätsbeschränkung** bringen würde.

13.- Ein EU-Beitritt beinhaltet, dass die gesamte wichtigere **Gesetzgebung** für unser Land von Brüssel übernommen und in Zukunft von dort diktiert würde. Referenden gegen die einzelnen Bestimmungen oder Initiativen in allen EG-Bereichen wären ausgeschlossen. Damit würden die Grundmerkmale unserer direkten Demokratie weitgehend ausgelöscht, was einer ausserordentlich massiven **Souveränitätsbeschränkung** gleichkäme.

14.- Der EU-Beitritt würde unser **Parlament** von allen gesetzgebenden Funktionen, soweit irgendwie Gemeinschaftsrecht berührt wird, entmachten und zu einer reinen Vollzugsinstitution im Dienste Brüssel degradieren, eine **Souveränitätsbeschränkung** sondergleichen.

15.- Das **Bundesgericht** erlitte durch einen EU-Beitritt die einschneidenste Verstümmelung. Unserem Land wesens- und mentalitätsfremde Juristen hätten letztinstanzlich zu befinden, was bei uns Rechtens sei. Die **Souveränitätsbeschränkung** wäre eine groteske Anomalie.

16.- Die **Souveränitätsbeschränkungen**, welche mit einem EU-Beitritt auf die **Kantone und Gemeinden** zukämen, wären für die direkt betroffenen Bürger so abstossend, dass mit öffentlichen Unruhen zu rechnen sein würde.

17.- Nicht mehr darüber bestimmen zu können, wer im Land das **Stimm- und Wahlrecht** hat, bedeutet ein tiefgreifender **Souveränitätsverlust**.

18.- Ein EU-Beitritt müsste den **Wohlstand** unserer Landsleute in erheblichem Mass verringern. Die Bevölkerung aller EU-Staaten ist von unserem Lebensstandard weit entfernt; das Dogma der "Harmonisierung" und der "Gleichmacherei" erbrächte für das Schweizervolk einen nicht wieder gutzumachenden enormen Schaden, und die Verunmöglichung einer eigenen Gesetzgebung bedeutete eine empfindliche **Souveränitätsbeschränkung**.

19.- Die EU ist kein **Konsumenten**-Paradies. Dominanz in der EU hat das Wirtschaftsdenken und die Förderung der Grossbetriebe, denen nicht der Mensch, sondern Macht und Geld Leitziele sind. Der EU-Beitritt würde unsere **Souveränität beschränken** und zum grossen und dauernden Schaden der Konsumenten führen.

20.- Der EU-Beitritt würde die **Landwirte** einer extravaganten Bürokratie unterwerfen, sie dem in der EG herrschenden Agrarniedergang anpassen und damit enorme Nachteile verursachen und damit eine **Souveränitätsbeschränkung** auslösen, weil die Agrarverordnungen allesamt in Brüssel geboren werden.

21.- Die gesamte schweizerische Bevölkerung erlitte durch einen EU-Beitritt enormen Schaden, vorzugsweise in gesundheitlicher Hinsicht. Die in der EG möglichen Angebote von **Lebensmitteln** zweifelhafter Herkunft und aus dubioser Produktion könnten wegen der einschneidenden **Souveränitätsbeschränkung** in unserer Lebensmittelgesetzgebung nicht unterbunden werden.

22.- Unser Land müsste innerhalb der EU alle ihre **Verkehrsbestimmungen** übernehmen. Der bestehende Vertrag über den Strassentransitverkehr würde sofort hinfällig, 40- und 44-Tonnen-"Brummer" könnten ab sofort unsere Strassennetze und damit unsere Umwelt belasten und zu nicht mehr vertretbaren Schädigungen der gesamten Bevölkerung führen. Unseren Behörden wären der **Souveränitätsbeschränkung** wegen nur noch erlaubt, lokale Verkehrsprobleme gesetzlich zu regeln.

23.- **Arbeitnehmer** könnten durch die EU nur verlieren. Ihre Benachteiligung ergäbe sich schon aus der Tatsache, dass die Sozialgesetzgebung in der EU nur ein "Mauerblümchen" darstellt, der Einfluss der Arbeitgeber viel massiver als in unserem Land ist und wir wegen der **Souveränitätsbeschränkung** nur noch Nebenprobleme selbständig lösen könnten.

24.- Die EU ist unwiderlegbar nicht das Feld, auf dem den **Frauen** die Gleichberechtigung erblühen könnte. Ein Blick über die Grenzen genügt, um einzusehen, dass in den EG-Ländern der maskuline Kult zum ansehnlichen Schaden der Frauenwelt dominiert. Innerhalb der EU könnte unser Land der **Souveränitätsbeschränkung** wegen aus eigenem Entschluss keine favorisierenden Bestimmungen mehr erlassen.

25.- Die bisherigen ökologischen Fortschritte in der Schweiz beweisen, dass die Schonung der **Umwelt** wesentlich schneller und erfolgreicher in einem kompakten Umkreis betrieben werden kann als in einem Mammutstaat wie die EU mit ihrer heterogenen Bevölkerung. Der EU-Beitritt brächte uns eine **Souveränitätsbeschränkung** in einem Ausmass, dass die Umweltschädigung unaufhaltsam an den Rand der Vernichtung führen müsste.

26.- Die durchschlagenden Erfolge der Produkte unserer Industrie im Ausland beweisen, dass die nationale **Forschung** den Gemeinschaftsbemühungen weit überlegen ist. Ein EU-Beitritt würde unserem Land eine **Souveränitätsbeschränkung** auferlegen, weil sich unsere Forscher an Richtlinien von weniger legitimierten EG-Autoritäten zu halten hätten, natürlich zum Schaden der Industriellen und der Konsumenten. Ausserdem hätte die Schweiz den übrigen EG-Staaten die eigenen Forschungsergebnisse offenzulegen!

27.- Als EU-Mitglied wäre unser Land eine willkommene Fundgrube für ausländische Mammutbetriebe der **Bauwirtschaft**: unsere Finanzstärke, hohe Arbeitslöhne, die mit ausländischen Kräften leicht unterboten werden könnten (*kennen Sie die Tricks ausländischer Grossunternehmer, nationale Bestimmungen zu umgehen?* d. A.), und unsere Rechtssicherheit müsste wie ein Magnet die ausländische Konkurrenz anziehen, zum vernichtenden Schaden unserer Klein- und Mittelbetriebe. Die von der EU auferlegte **Souveränitätsbeschränkung** würde unserer Regierung verunmöglichen, Schutzmassnahmen zu ergreifen.

28.- Im **Banken- und Versicherungssektor** würde eine EU-Beitritt verheerende Nachteile zum Schaden der Allgemeinheit wegen der **Souveränitätsbeschränkung** bringen. Die Aufsichtsbehörden, deren Aufgaben und Verantwortungsbewusstsein in den EG-Ländern sind mit unseren Verhältnissen nicht vergleichbar. Die Schweiz als Finanz- und Versicherungsplatz verlöre total seine Bedeutung.

29.- Die durch einen EU-Beitritt erzwungene **freie Berufsausübung** für EU-Ausländer wäre für unsere erstklassig ausbildeten Fachleute vernichtend. Sich auf Gegenrecht zu beziehen, ist Stumpfsinn, denn fast alle Berufsleute ziehen für ihre Aktivitäten geordnete Verhältnisse und Chancen bietende Regionen vor. Die auch auf diesem Gebiet vorgesehene **Souveränitätsbeschränkung** würde unsere Berufsleute und unsere Behörden vor unüberwindliche Schwierigkeiten stellen und die Kundschaft ungeahnten Risiken aussetzen.

30.- Wozu der durch einen EU-Beitritt mögliche freie **Immobilienerwerb** führen müsste, haben die drei letzten Jahrzehnte dem Schweizervolk vor Augen geführt. Eine vorübergehende Abschwächung der Nachfrage beweist gar nichts. Die Nachfrage würde innerhalb der EU enorm ansteigen, unsere Landsleute wegen unverhältnismässigen Preissteigerungen und Knappheit von Grundstücken und Wohnungen in diesem wesentlichen Lebensbereich arg schädigen. Die auferlegte **Souveränitätsbeschränkung** schlösse interne Schutzmassnahmen aus.

31.- Die **Steuerbelastung** in allen EG-Staaten ist bedeutend höher als in der Schweiz, und die dortigen katastophalen Überschuldungen können nur durch Steuererhöhungen kompensiert werden. Das Steuersystem muss der EG-Philosophie entsprechend 'harmonisiert' - gleichgeschaltet werden. Der EU-Beitritt brächte unseren Bürgern erhebliche Steuererhöhungen, die nicht gemässigt werden könnten, weil die beachtliche **Souveränitätsbeschränkung** auf diesem Gebiet jegliche entsprechende interne Massnahme verunmöglichen würde.

32.- Ein EU-Beitritt brächte unserem Land einen viel ungehemmteren Umgang mit **Giftstoffen**. Die einschneidende **Souveränitätsbeschränkung** in der Gesetzgebung zum Nachteil von Mensch und Natur würde es einer unrettbaren Schädigung aussetzen.

33.- Als EU-Mitglied könnte die Schweiz wegen der **Souveränitätsbeschränkung** in der Gesetzgebung über den **Wettbewerb** die eigenen Betriebe nicht mehr gegen die Grossangriffe ausländischer Industrie- und Finanzmagnaten schützen. Schäden von unermesslichem Ausmass hätten nationale Unternehmen aller Grössenordnungen zu erleiden.

34.- Wer ausländische Verhältnisse kennt, weiss, dass die schweizerische **Bürokratie** geradezu vorbildlich ist. Ein EU-Beitritt erbrächte eine Aufblähung unserer Staatsverwaltung ins Grenzenlose. Die **Souveränitätsbeschränkung** verhinderte Einschränkungen zu verordnen. Der übergeordnete EG-Beamtenherrschaft würde viele Landsleute zur Verzweiflung bringen.

35.- Ein EU-Beitritt unterwürfe unsere **Klein- und Mittelbetriebe** weitgehend der für Grossunternehmen geschaffenen EG-Wirtschaftsgesetzgebung mit all den negativen Konsequenzen. Die sich für uns ergebende **Souveränitätsbeschränkung** liesse keine Rettungsversuche zu. Die wirtschaftlichen und sozialen Schäden dürften unermesslich sein.

36.- Unser EU-Beitritt zwänge uns zur Übernahme der während 40 Jahren geschaffenen **EG-Gesetzgebung**, welche vorzugsweise den Industrie-, Handels- und Finanzgiganten und den multinationalen Grossunternehmen dient. Die **Souveränitätsbeschränkung** verunmöglichte, Schutzmassnahmen zugunsten nationaler Unternehmungen zu erlassen. Ganze Wirtschaftszweige müssten zusammenbrechen.

37.- Die durch einen EU-Beitritt enstehende **Souveränitätsbeschränkung** und damit Machtlosigkeit gegen die Überflutung von **ausländischen Arbeitskräften** müsste unsere Arbeitnehmer durch die freie Zuwanderung von EU-Ausländern ausserordentlich hart treffen und unsere Arbeitslosen zusätzlich benachteiligen.

38.- **Schul- und Studienreformen** der EG mit ihren ideologischen und politischen Hintergründen übernehmen zu müssen wäre die Folge des schwerwiegenden **Souveränitätsverlustes** im Bereich der **Erziehung und Bildung,** zum irreparablen Schaden unserer Jugend, zum empfindlichen Nachteil der Lehrerschaft, und eine massive Beschneidung des Erziehungsrechts der Eltern.

39.- In fast allen Staaten der EG herrscht eine hochgradige **Korruption,** die längst auf die EG-Zentralmacht übergegriffen hat. Politik, Wirtschaft und selbst Benefizinstitutionen werden durch Bestechungen und andere Unredlichkeiten unterjocht. Ein EU-Beitritt liesse unser Land von diesem Unheil heimsuchen. Mit der uns auferlegten **Souveränitätsbeschränkung** stünden wir dem moralischen Verfall machtlos gegenüber.

40.- Dem **Souveränitätsverlust** bei einem EU-Beitritt würde auch die Unabhängigkeit unserer **Nationalbank** zum Opfer gebracht und damit die Inflationsbekämpfung in die Hände ausländischer Finanziers übergehen. Die Folgen sind in den Tageszeitungen nachlesbar.

41.- Die von Brüssel ausgehende Machtfülle wird sukzessiv den **Polizeistaat** spürbar stärken, und die ein EU-Beitritt der Schweiz verursachende **Souveränitätsbeschränkung** auf dem Gebiet der persönlichen Menschen- und Freiheitsrechte würde unsere Landsleute bis ins Innerste treffen.

42.- Dass ein EU-Beitritt mehrheitlich auch die **Auslandschweizer** empfindlich benachteiligen würde, zeigt die **Souveränitätsbeschränkung,** die unser Land überzöge. Unsere so tapferen Landsleute im Ausland müssten auf die wertvolle Beitrittsmöglichkeit zur AHV/IV verzichten, wodurch sie empfindlich geschädigt würden.

43.- Selbst **Behinderte** wären durch einen EU-Beitritt und die damit verbundene **Souveränitätsbeschränkung** in der Rechtsetzung einschneidend betroffen.

44.- Geradezu dramatisch muss der **Souveränitätsverlust** bezüglich **Verfassungsrecht und Gesetzgebung** genannt werden. Ausserdem: Da Gemeinschaftsrecht Vorrang vor dem nationalen Recht hat, ist eine Nation, die sich dieser Tatsache unterzieht, **sofort kein souveräner Staat mehr.**

45.- Ein EU-Beitritt entzöge der Schweiz die **Souveränität**, über ihre **Naturschätze** nach eigenem Ermessen zu verfügen.

46.- Die **Souveränität** in der **Rechtspflege** aufzugeben, macht aus dem betreffenden Land einen Satellitenstaat.

★ ★

Verschiedene Bundesräte versuchen mit allen Mitteln und zum Teil unlauteren Machenschaften, die Schweiz in die EU hineinzumanövrieren. Sie sind aber nicht in der Lage, die vorstehenden ruinösen und unzähligen Souveränitätsverluste und unermesslichen Nachteile für unser Land zu widerlegen oder behauptete Vorteile, die die aufgezeigten Nachteile überwiegen, zu konkretisieren. Sie sind vor allem nicht in der Lage, ihre EU-Absichten in Anbetracht ihrer verfassungsmässigen Pflichten glaubwürdig zu rechtfertigen. Es sind die vielen Schwindeleien, Täuschungsmanöver und durchsichtigen Propagandalügen, mit denen Mitglieder des Bundesrates, wie schon einmal vor der EWR-Abstimmung, wiederum operieren.

Sie sind daran zu erinnern, dass die Bundesverfassung in Artikel 2 den ersten Zweck der Eidgenossenschaft wie folgt umschreibt:

«Der Bund hat zum Zweck: Behauptung der **Unabhängigkeit des Vaterlandes gegen aussen**, Handhabung von Ruhe und Ordnung im Innern. **Schutz der Freiheit und der Rechte der Eidgenossen** und Beförderung ihrer **gemeinsamen Wohlfahrt.**»

Durch diese Verfassungsbestimmung sind die Organe der Schweiz ausdrücklich zur Wahrung der äusseren Souveränität verpflichtet, welche dem Staat eine prinzipiell uneingeschränkte äussere Hoheitsgewalt sichern soll. Eine Mitgliedschaft der Schweiz in zwischenstaatlichen Zusammenschlüssen, sofern sie eine definitive Einschränkung der Souveränität zur Folge hätte, ist nach schweizerischem Selbstverständnis nicht möglich.

Aber auch Nationalrat und Ständerat haben gemäss Bundesverfassung (Art. 85, Abs. 6) als in ihrem Aufgabenbereich liegend zu sichern:

«Massregeln für die äussere Sicherheit, für **Behauptung der Unabhängigkeit und Neutralität** der Schweiz...».

Viele Parlamentarier sind bereit, den Bundesrat in seinem Bemühen um weitgehenden Verzicht auf die nationale Unabhängigkeit zu unterstützen und in die sehr erheblichen parlamentarischen Zuständigkeitsverzichte einzuwilligen, wodurch sie **ihre staatserhaltenden Pflichten mit Füssen treten**. Zu ihnen gehören (Liste unvollständig):

Die Nationalräte:

Aregger Manfred (FDP/LU)
Aubry Geneviève (FDP/BE)
Bär Rosmarie (GP/BE)
Baumann Ruedi (GP/BE)
Baumberger Peter (CVP/ZH)
Bäumlin Ursula (SP/BE)
Bircher Peter (CVP/AG)
Blatter Ueli (CVP/OW)
Bühler Simeon (SVP/GB)
Bühlmann Cécile (GP/LU)
Bührer Gerold (FDP/SH)
Bundi Martin (SP/GB)
Bürgi Jakob (CVP/SZ)
Carobbio Werner (SP/TI)
Clumberg Dumeni (CVP/GB)
Danuser Menga (SP/TG)
David Eugen (CVP/SG)

Diener Verena (GP/ZH)
Dormann Rosmarie (CVP/LU)
Dünki Max (EVP/ZH)
Eggenberger Georges (SP/BE)
Engler Rolf (CVP/AI)
Eymann Christoph (LP/BS)
Fankhauser Angeline (SP/BL)
Fasel Hugo (CVP/FR)
Giger Titus (FDP/SG)
Goll Christine (FraP/ZH)
Gouseth Ruth (GP/BL)
Grendelmeier Verena (LdU/ZH)
Gross Andreas (SP/ZH)
Grossenbacher Ruth (CVP/SO)
Guinand Jean (LP/NE)
Gysin Hans Rudolf (FDP/BL)
Hafner Ursula (SP/SH)
Haller Gret (SP/BE)
Hämmerle Andrea (SP/GB)
Haering Binder Barbara (SP/ZH)
Heberlein Beatrix (FDP/ZH)
Hegetschweiler Rolf (FDP/ZH)
Herczog Andreas (SP/ZH)
Hess Peter (CVP/ZG)
Hollenstein Franz (GP/SG)
Hubacher Helmuth (SP/BS)
Jöri Werner (SP/LU)
Keller Anton (CVP/AG)
Kühne Josef (CVP/SG)
Ledergerber Elmar (SP/ZH)
Leemann Ursula (SP/ZH)
Leu Josef (CVP/LU)
Leuenberger Ernst (SP/SO)
Leuenberger Moritz (SP/ZH)
Loeb François (FDP/BE)
Maeder Herbert (U/AR)
Mauch Ursula (SP/AG)
Meier Samuel (LdU/AG)
Meyer Theo (AP/AG)
Misteli Marguerite (GP/SO)

Nabholz-Heidegger Lili (FDP/ZH)
Oehler Edgar (CVP/SG)
Raggenbass Hausueli (CVP/TG)
Rechsteiner Paul (SP/SG)
Robert Leni (GP/BE)
Ruckstuhl Hans (CVP/SG)
Scheidegger Urs (FDP/SO)
Schmid Peter (GP/TG)
Schmidhalter Paul (CVP/VS)
Segmüller Eva (CVP/SG)
Seiler Rolf (CVP/ZH)
Sieber Ernst (EVP/ZH)
Spoerry Vreni (FDP/ZH)
Stamm Judith (CVP/LU)
Strahm Rudolf (SP/BE)
Stucky Georg (FDP/ZG)
Suter Marc F. (FDP/BE)
Thür Hanspeter (GP/AG)
Tschäppät Alexander (SP/BE)
Vollmer Peter (SP/BE)
von Felten Margrith (SP/BS)
Wanner Christian (FDP/SO)
Wick Hugo (CVP/BS)
Wiederkehr Roland (LdU/ZH)
Wyss Paul (FDP/BS)
Zwahlen Jean-Claude (CVP/BE)

Die Ständeräte:

Béguin Thierry (FDP/NE)
Cavadini Jean (LP/NE)
Cottier Anton (CVP/FR)
de Dardel Jean-Nils (SP/GE)
Gadient Ulrich (SVP/GB)
Meier Josi J. (CVP/LU)
Onken Thomas (SP/TG)
Petitpierre Gilles (FDP/GE)
Piller Otto (SP/FR)
Plattner Gian-Reto (SP/BS)
Rhinow René (FDP/BL)

Roth Jean-François (CVP/JU)
Salvioni Sergio (FDP/TI)
Simmen Rosmarie (CVP/SO)
Weber Monika (LdU/ZH)

[Quelle: *BeZ* 10.7.92 + *GB* 42/94]

Aber auch jeder Bundesrat ist durch die Bundesverfassung, Artikel 102, Absatz 9 in die Pflicht genommen:

«Der Bundesrat hat innert den Schranken der gegenwärtigen Verfassung vorzüglich folgende Befugnisse und Obliegenheiten: Er wacht für die äussere Sicherheit, **für die Behauptung der Unabhängigkeit und Neutralität** der Schweiz.»

Alle Bundesräte schwören bei ihrer Vereidigung:

«Ich schwöre vor Gott, dem Allmächtigen, die Verfassung und die Gesetze des Bundes treu und wahr zu halten, die Einheit, Kraft und Ehre der schweizerischen Nation zu wahren, **die Unabhängigkeit des Vaterlandes, die Freiheit und die Rechte des Volkes und seiner Bürger zu schützen** und zu schirmen und überhaupt alle mir übertragenen Pflichten gewissenhaft zu erfüllen. So wahr mir Gott helfe.»

Ja, Gott helfe ihnen!

Schlusskommentar:
Für die Verworrenheit in der Benennung EG oder EU sind allein die EG/EU-Politiker verantwortlich. Die EU hat im Gegensatz zur EG (die weiter besteht) keine Rechtspersönlichkeit, keine Organe, keinen Finanzhaushalt noch Beamte. Ob der Maastricht-Vertrag aus der EG einen Bundesstaat oder einen Staatenbund schaffen wird, konnten bisher nicht einmal Staatsrechts-Koryphäen definieren. Für die staatsähnliche Qualität der EU ist selbst vom deutschen Bundesverfas-sungsgericht ein neuer völkerrechtlicher Begriff geschaffen worden, jener des "Staaten**ver**bundes" als eine "von der Staatsgewalt der Mitgliedstaaten deutlich geschiedene, supranationale, öffentliche Gewalt", oder als "Staatengemeinschaft", "supranational organisierte zwischenstaatliche Gemeinschaft", "Union der Völker Europas", "Verbund demokratischer Staaten". In der Fachliteratur ist sie als eine "einheitliche und originäre, europäische öffentliche Gewalt" (Badura) oder als eine "ausserstaatliche Hoheitsgewalt" (Tomuschat) oder als eine "Gemeinschafts-gewalt" (Oppermann) bezeichnet. Jedenfalls saugt sie systematisch die Souveräni-tätsrechte der Mitgliedstaaten an sich, wodurch ein "Superstaat" geschaffen ist. Als "zwischenstaatliche Einrichtung" ist sie jedenfalls nicht mehr qualifizierbar.

Vom gleichen Autor sind erschienen:

Das EG-Trugbild
Dokumente und Analysen eines Machtkampfes
384 Seiten, fester Einband, Fr. 42.- + Versand

Französische Ausgabe:

La CE, une Illusion
370 pages, reliure solide, Fr. 42.- + frais

**Das Handbuch zur EG-Wirklichkeit,
leicht verständlich und ohne Tabus geschrieben**

«Tatsachen erweisen sich als die Todesursache vieler Theorien» (Cedrington). Aus der EWR/EG-Problematik haben sich unzählige Theorien, Prognosen und utopische Hypothesen entwickelt, so dass auch vielen aufmerksamen Beobachtern die Übersicht über die Realitäten einer internationalen Zusammenarbeit verloren gegangen ist. In der vorliegenden Abhandlung versucht ein Fachmann die unüberwindbaren Schwierigkeiten einer Gleichschaltung von ganz widersprüchlichen Gebräuchen, Mentalitäten, Veranlagungen und Erwartungen der europäischen Völker und Nationen aufzuzeigen. Diesem Buch liegt eine über 20jährige Ermittlungstätigkeit zugrunde. Daraus ist das wohl am besten dokumentierte Handbuch der EG-Wirklichkeit entstanden.

EG-Realitäten

Unabhängiges Informations-Bulletin zur EWR/EG-Problematik

Erscheint achtmal jährlich. Abonnementspreis pro Jahr Fr. 24.-

Die Maastrichter Beschlüsse

Eine kurzgefasste, aufschlussreiche Klarstellung über die undemokratischen, diktatorischen Grundgesetze der EG/EU.

Geheftet, 16 Seiten, Fr. 3.-

Sonderdrucke

aus dem Buch "Das EG-Trugbild", je ca. 16 Seiten. Einzelpreis Fr. 3.50

Heft Nr. 01   EG-Kommissionen - EG-Gebieter im Amt
Heft Nr. 02   Die vier EG-Freiheiten - Die fünfte ungeschriebene Freiheit: Grenzenlose Mafia
Heft Nr. 03   Sozialpolitik - Arbeitnehmer- & Arbeitnehmerinnen-Arbeitslosigkeit - Lebensmittel - Lebensmittelberge
Heft Nr. 04   Bürokratie - Normen und Schablonen - Zentralismus und Dirigismus - Euro-Babylon
Heft Nr. 05   Demokratieverständnis in der EG - Föderalismus - Souveränität
Heft Nr. 06   EG-Haushalt und EG-Finanzen - Finanzen der EG-Staaten - Gesetzestreue in den EG-Ländern - Euro-Lobby
Heft Nr. 07   Mitspracherecht in der EG - EG-Schlagworte - Gutachter und Experten - Verbraucherinteressen - Wohlstand
Heft Nr. 08   Vom "Alleingang"
Heft Nr. 09   Die es wissen sollten (Bundesräte)
Heft Nr. 10   Staatssekretäre Blankart und Kellenberger - Integrationsbüro EDA/EVD

Bestellungen

in jeder Buchhandlung oder direkt an:

Radika-Verlag AG, Postfach 339, 6371 **Stans**
Stansstaderstr. 49-C, Tel. 041 - 61 02 02 / Fax 041 - 64 63 69